DECENT CAPITALISM
A BLUEPRINT FOR REFORMING
OUR ECONOMIES

危机后的反思
——西方经济的改革之路

[德] 塞巴斯蒂安·杜里恩、汉斯约里·赫尔、克里斯蒂安·凯勒曼　著

郭建南　译

西南财经大学出版社

图书在版编目(CIP)数据

危机后的反思:西方经济的改革之路/(德)杜里恩,(德)赫尔,(德)凯勒曼著;郭建南译.一成都:西南财经大学出版社,2014.5
ISBN 978-7-5504-1398-6

Ⅰ.①危… Ⅱ.①凯…②赫…③杜…④郭… Ⅲ.①经济改革—研究—西方国家 Ⅳ.①F113

中国版本图书馆 CIP 数据核字(2014)第 080624 号

危机后的反思:西方经济的改革之路
WEIJIHOU DE FANSI XIFANG JINGJI DE GAIGEZHILU

(德)塞巴斯蒂安·杜里恩,汉斯约里·赫尔,克里斯蒂安·凯勒曼 著
郭建南 译

责任编辑:王正好
助理编辑:廖术涵
封面设计:墨创文化
责任印制:封俊川

出版发行	西南财经大学出版社(四川省成都市光华村街55号)
网 址	http://www.bookcj.com
电子邮件	bookcj@foxmail.com
邮政编码	610074
电 话	028-87353785 87352368
照 排	四川胜翔数码印务设计有限公司
印 刷	郫县犀浦印刷厂
成品尺寸	165mm×230mm
印 张	17.25
字 数	175 千字
版 次	2014 年 5 月第 1 版
印 次	2014 年 5 月第 1 次印刷
印 数	1—5000 册
书 号	ISBN 978-7-5504-1398-6
定 价	45.00 元

原书序

如果将一种人人称赞的制度模式定义为"得体",那么,一些非议的存在则使现行的资本主义制度尚无资格获此殊荣,过去十年间金融资本主义的激进化便是一个明显的佐证。这个时期内的经济增长大都建立在金融与房地产泡沫、不可持续的信贷扩张以及全球经济发展不平衡的土壤之上,最终的结局几乎也早就注定,即公众成了最终的买单者,而政府有限的能力则只够去关注那些亟待支援的人或者用于抑制经济的进一步衰退。

进入2009年后,金融危机达到顶峰,就在这个时候,我们有幸结识了一些来自德国金融中心——法兰克福的银行家、金融家以及其他经济领域的资深专家,我们都想从多方位视角对这次迅雷之速般发生和演变的危机做更多的了解。在研讨会上,基于单个投资者或投资公司视角的见解与基于更加系统化的宏观经济视角的见解之间产生了分歧,但对于分歧产生的原因及对分歧的处理最终却并未得到深入的剖析。从系统的视角出发,金融家们需要一套更高层级的规则来指导他们经营，然而遗憾的是，他们却根本没意识到这一点，同时，对于收入分配、公司治理或不稳定的国际资本流动中所存在的潜在风险，他们也丝毫没有去质疑。毫无疑问，这些金融家们仍想一如既往地从事经营，既无须承担过度的风险又尽可能参与诸多非透明化的操纵业务，而如果一旦出错，则会让他人去承担损失。这真是一个完美的世界，至少从一个特殊化的角度来看确实是这样。

弗里德里希·艾伯特基金会组织了这届研讨会，他们察觉到了这种令人担忧的经济演变可能性，并据此发出呼吁，同时他们也建立了智囊团并给予积极支持以从根本上纠正这种激进式的资本主义。该基金成立于1925年，对于过往的金融危机以及由此引发的大量工人和家庭的灾难之历史了解深刻，同时，该基金组织也知晓如何改变现状去构建一个更加得体的经济体制。比如，第二次世界大战结束后，经济刚从大萧条的危害和接踵而至的严酷战争中挣扎出来，欧洲便建立了一套颇为公平的制度体系，此后的十年里，它使广大民众的生活水准得到了极大的改善，有鉴于此，面对全球经济受困，我们不能袖手旁观，坐视不理。

正是出于这个原因，我们应邀撰写此书，本书的构想是基于资本主义的框架，为经济体制勾勒出一幅更加美好的蓝图。本书试图对整个经济体制中的结构化问题加以深入挖掘和揭示。为了做到这一点，我们必须向那些拥有技术资源以拯救旧体制的人们披露一些不利的信息并发布诸多对于经济前景不安的呼吁。本书在德国一经出版便引发了许多激烈的讨论，争论的焦点一方面在于我们对德国出口模式以及它在全球以及区域发展不平衡中的加剧作用加以了抨击，另一方面则是因为我们是立足于金融市场占主导地位的背景下讨论其他市场的。正因如此，我们并非有意抨击资本主义，而是希望在最小化相关风险的同时，尽可能提供一个能允许市场进入生产、社会和生态规划中的框架。我们也并不会基于放弃市场和全球化的乌托邦理想而为人为构建的社会提供一副激进化的蓝图。对于我们来说，这样的一种理想状态在可预见的未来是不会出现的。然而我们确信，目前的这种体制必须要以一种激进化、生态化和民主化的方式加以改革才行。我们始终认为这样一种经济模式不仅理论上可能，在政治上也是可行的，但这需要各个市场达成一种相对默契的平衡，同时，还需要市场和社会等实现相应的平衡。最近一次的资本主义体制就是以这种方式改造和内嵌入社会的，那次改变可以看作是战后余波和社会主义浪潮共同的产物。

自然的，我们也受到了很多的批评，主要原因是我们忽略了作为一个得体的经济体制最为关键的两个特征，即一般增长问题和"增长什么"的问题。因此，我们在柏林又花费了一个暑假的时间来讨论和共同思考这些问题，并进而对原来的版本进行了彻底的修正，目的是为了建立一个关于增长的概念，这甚至成为了我们这本书的核心。目前，在全球变暖、全球经济发展停滞和各国竞争加剧的环境下，公众对于增长话题的兴趣很难高涨起来，如何确保社会和生态安全以及如何实现社会内的平等似乎成为了一个无法解决的两难问题。我们尝试承担起这个复杂的任务，并在现实的安排下，结合全球所需和国家能力为解决一些矛盾勾画出一幅增长路径的蓝图。

基于大量问题涌现的这样一种背景，目前的政策应对都只是尝试性的并受到某些国家甚至是更为顽固的全球金融利益的控制。幸运的是，近年来许多的制度修正开始逐渐驶入一个正确的航向，然而其充其量只是解决了问题的症状而已，并没有从根本上消除成因，即使是在限定提升金融稳定性时，其作用也依然是装饰性和非透明的。我们甚至很难看到可用于重新平衡各经济体间相互作用的整体范式和减少当前全球化功能障碍时所采取的严肃且全面的方案。

我们将该书献给那些在面对当代体制中所出现的经济赤字时，不满足于肤浅经济解决方案的政治团体或个人。尽管弗里德里希·艾伯特基金会主要是为了加强全球社会民主，从而为全球劳工运动而工作，但在本书的写作中，我们并没有因此而掺杂明显的政治偏见。我们审慎地看待"绿色新政"，同样也审慎分析《巴塞尔协议Ⅲ》和奥巴马政府的监管措施，相对于众多关于经济改革文献中所提出的方案，我们特意更多地论证了结构变革的方式，而已有文献却只是单一地针对某一点问题提出对策，因此至少在这一点上，我们的讨论就有优越于已有文献的地方。

在本书写作期间，金融市场的危机已经演化传递并渗入到主权债务危机。尽管召开了多次首脑会议，也实施了多次效果相当显著的救援方案，但金融危机何时结束仍是一个悬而未决的问题。欧洲因其内在体制存在缺陷而发展受阻、全球治理组织缺乏必要的合法性、全球经济失衡导致世界经济举步维艰、过于短视的种族竞争等都使得民族主义再度兴起。现如今，我们正目睹着一场"以邻为壑"的全球博弈，其结果尚无人知晓，我们的经济体制正出于泥淖之中，亟需一套改革举措来拯救。

塞巴斯蒂安·杜里恩，汉斯约里·赫尔，克里斯蒂安·凯勒曼

2013 年 2 月，德国柏林

序 一

20 世纪 90 年代初,随着"华盛顿共识"的达成与推行,新自由主义日渐演变为西方发达国家的经济范式,并一度被视为"医治经济痼疾的万应灵丹"和解决世界发展问题的"救世良方"。然而,进入 21 世纪后,由美国次贷危机引爆的国际金融危机,却使得这些神话新自由主义的国家备受创伤。面对危机,越来越多的西方人开始质疑资本主义的"完美"与"得体",作为资本主义主流意识形态的新自由主义自然也难辞其咎。危机爆发后,主张政府引导的凯恩斯主义再度获得重视,越来越多的学者也试图从不同的角度来审视资本主义制度的缺陷,并提出优化现行资本主义的途径,由德国著名经济学家塞巴斯蒂安·杜里恩、汉斯约里·赫尔和克里斯蒂安·凯勒曼共同编著的这本《危机后的反思——西方经济的改革之路》一书,正是这些思想成果的集中体现。

金融危机发生之前,关于资本主义的文献大多聚焦于论述资本主义制度的优越性，对于新自由主义的完美性更是不惜浓墨重彩。然而，伴随着金融危机的不断延伸，资本主义思潮也开始发生变革，越来越多的学者开始探究此次危机发生的制度性根源。资本主义的自身发展优势在全球化中确实取得了不菲的利益，但其固有的弊端和矛盾也在全球化进程中被不断放大和扩展，这种原始存在的矛盾也为危机提供了滋生的土壤，当前的金融危机不仅是资本主义的全面及全球性危机，也是资本主义自身的制度性和意识形态危机。在理性的反思中，学者们对此也达成了普遍的共识：资本主义制度并非是完美无缺的，要规避资本主义制度的下一次危机，需要对现有的体制加以针对性的完善和优化，这样才有望让现如今饱受责难的资本主义变得真正"得体"起来。

危机发生之后，针对危机根源的探究，学者们集思广益，已经出版了一系列相关丛书。本书的问世，是作者在此基础上对资本主义制度深入探析和思考的结晶。本书首先从资本主义危机的根源谈起，对新自由主义的推广如何引起全球性的经济震荡给予了详细的讲解，并揭示了整个经济体制中的诸多结构化问题，同时以金融市场为核心探讨了劳动力等其他市场中存在的相关问题，这些问题的存在恰是激进式资本主义的明显佐证。因此，为了使得资本主义制度尽可能少受诟病，作者试图勾勒出一副改革蓝图来对西方经济的改革之路如何运行加以说明。作者构建了一个新经济模型，从一个整体的宏观视角对当前资本主义制度所忽视的生态问题、金融市场监管、收入分配机制、税收及国际收支失衡问题进行了详细的论述，进而提出了相应的指导性改革策略——从某种程度上讲，该模型也正是"得体"资本主义的最佳参照。在本书的构思及写作中，作者始终目标清晰，竭力为勾勒一副西方经济的改革蓝图和建立一套更加优越的世界经济体系而出谋划策。纵观本书，无论对资本主义危机根源的探析，还是对资本主义体制完善的策略建议，作者都给予了深入浅出的详解，这对每一个试图了解资本主义危机和制度缺陷的读者来说，不仅易懂，而且对于对比资本主义制度和社会主义制度也提供了有益的参照，这也是本书较其他相关书籍更为优越的地方。

金融危机全面爆发以后，世界各国几乎均被波及。但从整体来看，我国受此危机的影响相对较小，这从一定程度上映射出中国特色社会主义制度的优越性，但我们也不能盲目自傲，因为现有的社会主义制度也有需要进一步完善的地方，这就需要我们以此危机为戒，理性反思不足，并不断加以完善。作为重点剖析资本主义制度的本书，在对资本主义制度的缺陷加以探究的同时，也给我们对比社会主义制度和资本主义制度提供了空间，作者在本书中所提出的诸多优化资本主义的方案也同样适用于推行市场经济的中国。通过对本书的阅读和思考，不仅会加深我们对资本主义制度的了解，更会扩充我们对世界经济整体协调发展的全球视野，对我们完善现存的社会主义制度具有非常有益的借鉴意义，对处于全球化进程中的每一个国家的自身发展和整体世界经济的健康发展更是具有相当的价值。

　　本书由西南财经大学郭建南教授主持完成翻译。郭建南曾是我的学生,在英国取得博士学位后回国任教至今,有着扎实的经济学基础,又深谙中西方的政治、经济和文化,能够把原作准确、生动地带给中文读者。并且,由于和三位原作者在教学和科研上长期保持合作关系,本书在翻译过程中不仅对数据进行了更新,而且对英文原版中部分未能深入的问题和原作者一起做了进一步的分析讨论。从这个意义上来说,本书的中文版不仅仅是一种语言到另一种语言的翻译,更是译者与原作者共同努力下新的智慧结晶。于是,欣然为序。

胡健颖

2014 年 3 月于北大燕园

序 二

2007 年首先在美国发生的次贷危机席卷了全球金融市场，最终引发了公共财政的债务危机，导致了各国国民经济的动荡。在各国对濒临崩溃的银行实施了财政救助的几年之后，国际货币基金组织又推行了一系列的救市方案和公共救助机制以防止国家破产。这场危机也由此证明了放松管制的市场的体系限度。

中国用一个巨大的经济复苏计划回应了这场危机，从而不仅防止了国内经济的崩溃，而且还帮助保持了世界经济的运行。然而以出口为导向的中国经济还是因欧美市场的需求下降而受到影响，因此经济增长再也恢复不到 2008 年的势头。

中国领导层坚定不移地致力于出口密集型经济向需求驱动经济的转型。随着国内生活水平的日益提高，低工资和廉价产品的策略不再适合 21 世纪的中国。长期以来一直关注的问题也转为如何克服所谓中等收入陷阱、创建高科技产业和实现高效的服务业。在经济取得巨大进步的同时，也出现了一些令人担忧的现象，如对生态环境的破坏、市场调节功能的降低以及收入差异的扩大等。

尽管中国、欧洲国家、美国之间存在各种差别，但都面临类似的挑战和问题，即如何能够确保可持续的繁荣、稳定公共财政、遵循环境的限度以及社会的公正。本书的作者们尝试设计一种对现有西方经济制度的改革模式以满足可持续发展各维度的要求。

我们希望本书能激发所有读者的思考，希望作者的观点能够使中国国内的讨论更加充实。

C. Schläger

弗里德里希·艾伯特基金会上海办公室主任

（北京外国语大学教授 张宁 译）

简　介

　　关于"经济危机"，很多学者已对此做了大量研究，因此，本书并非要继续探讨经济危机，而主要试图从整体角度来讲述我们的经济生活，并就如何构建一个得体的资本主义体系，一个可以覆盖所有人口、不再危机重重且比当今制度更具可持续性的体系而出谋划策。众所周知，我们目前的经济制度存在着严重的缺陷，近期的危机也只是当前金融资本主义深层问题的表象。追溯来看，肆意发展和贪得无厌是问题的根源，而市场监管的缺失又为之提供了疯狂增长的沃土，从而几乎导致整个体系的崩溃。最终，我们只能借助于政府的干预和救助，才使得那些涉及全系统的金融机构得以重生，而不至于让整个经济体系彻底瘫痪。迄今为止，我们对此次危机都有所了解，许多人在问难道这场危机就真是不可避免的吗？难道我们不能提前防范，让系统的危机防御能力变得更强吗？目前来看，住房贷款、国债和企业债仍居高不下，即使将它们中的一部分转移至政府，但今后的情形又将会怎样呢？改革只是做做表面文章还是真正会深入贯彻到金融系统以及其他各方面，从而最终让整体经济都变好呢？进而，资本主义真的会变得更好吗？

"资本主义"一词又重新回到主流视线，关于破产、废止、改革、修正及恢复等与优化资本主义制度相关的讨论也在危机后逐步展开。尽管类似的危机我们已经历过很多，但对这次危机的争论却远比十年前更为激烈。与发生在 21 世纪最初十年的危机争论相比，政府是否应该转变职能，进而给予市场充分自由的问题又被重新纳入议题，然而事实上，冠冕堂皇的政策许诺与实际的改革措施仍旧相去甚远。目前，我们的经济系统仍旧很不稳定，如果我们继续维持当前具有缺陷的资本主义制度，危机的发生也将成为常态而非只属意外。因此，在年老时我们非但无法享受优质的生活，更可能需要面对比现在更无安全感、更不公平并且压力更大的社会状况。收入分配的严重不均和社会保障体系的不完善不仅无法让人们过上优越的生活，而且从经济视角来看，也是极度危险和低效的。另外，经济危机和日益严重的不公平现象同时也是社会效率低下的根源，关于这方面的原因也是多方面的。

当今的主流财经书籍，其焦点大多集中在讨论引起此次危机的主要原因上（如沃尔夫，2008；波斯纳，2009；拉詹，2010；保罗·克鲁格曼，2009）。危机之后，许多指正资本主义体制缺陷的书籍开始出版问世。事实上，自 1990 年以来，金融就在经济领域占据了重要的地位，金融市场不仅扩大了国际间和国家经济内部的不平衡，同时也可能导致金融体自身的失衡。因此从逻辑视角来看，阐明我们资本主义制度中的失误和缺点应是更正错误、修正制度的开端。但是，纵观那些吸引眼球的金融研讨，其中都是关于对信用互换和资产支持与证券监管的讨论，而对背后隐藏着的深层次系统性结构缺陷问题却避而不谈，因此，我们需谨慎对待"制度缺陷并不严重"这一观点。正如美国经济学家努里尔·鲁比尼和历史学家斯蒂芬·米姆的论述，我们应该从更宽泛的角度来看待资本主义，也应该坚持资本主义的思想体系和相关戒律，例如"自由市场可以最为有效地解决经济问题"这一观点会过度限制我们如今探析资本主义问题的视野。正如鲁比尼和米姆（2006、2010）所提及的：我们首先需要检验思想体系的正确性，并且在看待问题时，应更多地站在较为悲观的立场来加以考虑。

目前，我们需要找到一个周全的用于应对当今经济难题的方案，因为尽管是金融的过度扩张导致了近期的危机，但它只是我们整个经济体系和社会问题的一部分。追溯始末，当前经济的不稳定至少可归咎于两个方面。第一，经济体系内的失衡在逐步扩大，家庭与政府的累累负债就是很好的佐证，这也因此导致了房地产及其他领域泡沫的产生。第二，国际间的失衡也演变至历史最高，一个最典型的例子是美国经常账户的逆差与中国、德国、日本经常账户的顺差所形成的鲜明对比。除了上述的失衡外，近几十年来的全球自由市场主义的国际化也导致了收入和薪酬的不一致，而这一点在第一次世界大战之前的资本主义社会中却并未被予以重视。毋庸置疑，基于勤奋工作和创新精神所形成的一定程度的收入差距能够有效推动资本主义的发展，但如果收入差距发展到如今这般巨大，而收入水平与个人的努力和绩效却完全没有得到合理的对应，那么这个体系便会面临逐步瓦解的厄运。

当讨论所谓的成功和未来市场时，公平又需要被纳入议题。当然，这点并不奇怪，这方面有影响力的书包括理查德·威尔金森和凯特·皮克特在2009年著的《精神层面》，以及乔治·阿克洛夫和罗伯特·希勒于2010年所著写的《动物精神》。几乎每个国家中都存在着不公平，高度的不公平不仅会在社会中激起"不平等"的情绪，同时妨碍着社会的进步，对社会健康和生产力发展也有相当不利的影响。饿狼并不能最好地猎食。事实上，它的反面完全适用于我们的经济体。美国梦指的是在一个高度流动的社会中，机会人人平等，只要人们足够努力就会变得富有，但这个梦如今看来却也只是海市蜃楼。今天，斯堪的纳维亚半岛北欧国家间的社会发展显得更畅通，盎格鲁—撒克逊资本主义世界的公平显得更加均等（林德，2010），这是对重新设计资本主义的关键洞察。

资本主义同时也存在着另外一些问题：在过去，由于对生态问题的忽视导致了技术、产能和消费增长的畸形发展，然而自然资源是有限的，产品价格尚未找到一种合适的方式来包含生态和资源破坏等方面的因素，却对创新、生产、消费和我们的生活方式给出了错误的信号。许多地区在20世纪经历了一系列的生态灾害。目前，世界正致力于对抗生态破坏，这就需要尽快推动制度根本性地改变，从而使得对于解决方案的研究变得不再困难。考虑到目前的危机不仅是传统资本主义的深度危机，且同时出现在生态危机恶化的时代，如若只解决其中的一个，并不能为人类创造一个可持续的最佳生存条件，这便是本书所涉及的内容。基于对近年来全球和全国背景下错误根源的分析，我们构建了一个新的解决方案。在本书中，我们所提出的经济模型是为了确保社会公平和环境可持续性保持在繁荣水平，我们主要从分析当前经济体中的两个主要问题着手，这两个问题形成于 20 世纪 70 年代的工业化国家，而今必须得到解决。

第一，过去四十年的改革是在不成熟的市场激进主义下进行的，市场被认为具有自我调节和自动稳定的机制，从而可以保持高就业和合理的收入分配。通常来说，放开市场并不会带来如期的结果，然而，经济政策却坚持认为还需为市场的自由做出更多的放松。早在 1944 年，奥地利匈牙利经济学家和哲学家卡尔·波兰尼就指出，虽然自由市场在社会的发展及土地、劳动力和资本等市场中发挥了重要的作用，但它仍然应该受到严格控制，否则劳动力市场、资本市场和生态环境将会陷入险恶的境地。印度社会经济哲学家阿玛蒂亚·森在 1999 年也做过类似的阐述，并强调市场是自由主义的来源，想让它结出理想的果实需满足两个条件，一是有监管机构和规章制度保证其合理运行，二是市场的参与者要拥有参与有序竞争的物质前提。

我们必须抛弃"没有政府监管，市场仍可良好运行"的妄想，我们必须在国家之间、市场之间和各社会之间建立起一种平衡，也需要赋予国家和社会更多的权重。

第二，1970年之后，市场越来越国际化，而对它的监管却还停留在国家层面或者区域内的国家间，除非将这种不匹配问题加以解决，否则很难保证世界经济的稳定和生态可持续性地发展。如果缺乏有效的国际监管组织和条约，社会和经济的问题将变得更严峻，全球化进程将伴随着危机四伏的巨变而陷入倒退局面，像欧盟这样的区域性组织日后要么深入融合，要么解散。正如近期的欧债危机所示，没有欧洲联邦政府的治理架构，欧元以后将无法使用，从而导致永久性的经济危机甚至是彻底的崩溃；同时，各国也必须支持可约束全局的条款规定，而不是仅依赖于由跨国公司和金融界专家所提出的"行为准则"。从国际角度来看，未来将没有诸如国家的说法，我们需要一个有能力来实施世界的协调工作和执行制裁的全球机构。

在新的经济模型中如何定位金融市场的功能是一个重要的问题，虽然信贷的肆意扩张是导致美国房地产市场泡沫和随后金融危机的主要原因，但是金融部门在创造社会信用活力方面的功能无可匹敌。我们应当知道信贷和信贷增长本身并无过错，而且，信贷为创新和社会的发展提供了动力，我们必须承认在"得体的资本主义体系"中，金融系统确实发挥了重要作用。相比之下，近年来，金融交易本身被作为了最终的目的，但其实这个部门应该为社会其他部门提供服务，特别是为各类企业提供充足的资金，以保证社会的正常生产水平，从而促进充分就业。当然，在成熟的工业社会，工作时间的减少也是保障高就业率的因素，但这并不能改变一个基本事实，那就是经济增长是社会进步的必要条件。金融市场必须为社会生产的生态转型和创新推动提供资本，尤其是为国家提出的"绿色经济"做出贡献。此外，在培育有长期发展战略的企业和有长远视野的实体时，它们也应该更有耐心。金融市场的改革框架就应该如此设计，从而能够从整体上发挥作用。我们从全球角度阐述了资本主义危机，这也与约瑟夫·斯蒂格利茨在 2010 年提出的方案类似，他跳出探究这次危机本身原因的局限圈，认为国际经济的失衡必须得到遏制，所以需要控制一些领域的资本流动来达到这个目的。

更合理的国际和国内金融市场规范可以为稳定的资本主义提供必要的条件，但这还不够，经济框架的其他部分也需要为需求的持续增长提供必要的基础，并且，这样的增长应不以债务的无限扩展为基础，这就意味着通过薪酬的增长来带动需求的方式应该被更加重视，实施积极的薪酬制度是实现这点的关键，如此便可让绝大多数人得到满意的收入。另外，几乎所有的国家都需要减小收入差距，同样的，收入的不公平主要取决于有多少收入被转移至金融部门或其他会因转移而受益的团体中，这些影响因素必须大幅度降低。在创造需求方面，维持一个更为公平的收入分配体系的经济原因也非常简单，这便是高收入者的消费比低收入者的消费显得更低，因此，可以通过提高低收入者的薪酬来创造需求，这比给富人减税更为有效。

怎样实现"得体的资本主义"是一个系统性的问题，得体的资本主义旨在追求市场、政府和社会间的平衡。在许多方面，我们需要政府更广泛的介入，但是这绝不意味着我们又回到了20世纪五六十年代的制度中，"更多的国家"也不意味着自由主义的倒退，旧制度中对权力的过度巩固需要及时得到修正。许多群体被劳动市场或者一些职位所排斥，比如女性在20世纪五六十年代中，因为受性别歧视，工作机会比当今少得多，因此倒退回去是不可取也不明智的。

经历过这次危机后，我们更应该明白未经改革的盎格鲁—撒克逊模式不再适用于任何工业化国家或者新兴市场，虽然这个模式曾在很长一段时间内为人们所奉行。次贷危机及其对美国、英国的影响暴露出经济制度的缺陷，这个制度基于股东价值的短期增长并在银行之外赋予了资本市场过多的权利。我们认同在不同的发达国家应具有不同的资本主义制度，因为各国有不同的传统和政治立场，同样的，发展中国家更应寻找自己国家所适用的资本主义形式。如今有许多资本主义的模型，都以竞争为主导，从国际视野角度来看，它们既有优势也有劣势，总体看来这些模型并不协调。从积极务实的角度出发，我们希望指出不同国家中的不同问题，这样才能从多个视角看待问题并找到解决方案。本书中，我们采用了美国、中国和欧洲的案例，并分析了它们的情况，确保了我们在分析国内生产总值时包括了世界经济体中的绝大多数代表性国家。此外，我们也将发达国家与发展中国家、贸易顺差和贸易逆差的国家、不同市场间关系的国家同时纳入了本书分析之中。

当然，任何一本关于资本主义的书籍都会讨论到关于经济增长的问题，但我们希望增长吗？我们又需要经济如何增长？本书所提出的"得体的资本主义"认为是需要增长的，但是增长的质量和现有的体系很不一样。许多发达的经济体已发展到一定程度，但是他们过去的增长并不能满足生态环保的要求，如果按照我们现有的经济生产模式，即使没有增长，最终也会摧毁我们所生存的地球。另外，对于生产和消费结构的根本性改变是不可避免的，要实现这一目标，在未来一段时间内即使是发达国家也需要持续地保持经济增长。在全球的"绿色新政"下，各国政府为了全局平衡的繁荣会鼓励"得体的增长"，全球绿色新政也已将发达国家的结构性重建包括在内。其实，尽管发达国家重建的成功概率比较低，但也必须努力地促进创新和对发展中国家的援助。当然，再分配是一个国家乃至整个世界平衡的关键，但是这并不符合当今政治的权利意图。我们确信，从根本上改变我们的消费生产方式可以提升进一步的增长，所以，我们需要一种具有奖惩机制的、明令禁止有害行为的、有效的税收机制和各种所有权并行的得体增长方式。

本书中所提到的新型经济模型具有宏伟的目标，模型中的许多要求不是某个单一国家可以满足的，尤其是当它们是一个区域性组织的成员时，例如欧盟中的各成员国在经济和政策上都有着相互密切的联系。此外，在模型设计的许多环节中，若能达到超越国家的高度，就更为合适，比如在生态问题、金融市场、税收以及对国际失衡的扭转等方面。其实，改革的许多方面可以首先从各国国内开始，从减少目前经常项目的盈余或者赤字、收入不均以及岗位需求的不稳定开始，通过税收政策来优化国内再分配体系，从而提供更好的社会公共服务，如教育、医疗、公共交通和研究机构等，这些改革可以由国家自主完成。另外，为防治世界经济过热，对于自然资源的保护也是各国自身可以实施的政策。所有这一切都表明，我们有着清晰明确的目标，因此，本书为政策的制定如何富有指引性提供了参考方案，旨在为如何构建一个更加优越的世界经济体系出谋划策，切实希望创建一个真正得体的资本主义制度。

目　录

第一部分　资本主义危机的根源

第一部分
资本主义危机的根源

第一章　市场自由主义的兴起

20 世纪 30 年代，世界经济陷入大萧条后，就业率和经济增长率大幅度下滑，通货紧缩的现象也在全球各地蔓延开来，然而，这同时也为发展规范的资本主义体制铺平了道路，它使人们相信在众多政治模式中，只有被管制的资本主义才能得以生存。与第一次世界大战后相比，第二次世界大战（以下简称"二战"）末期的美国更为积极地发展全球霸权主义，以支持西欧和其他西方阵营的经济发展。那个时期，布雷顿森林体系是发展管制经济模型的基石。该协议雏形首先是由英国和美国于布雷顿小镇上召开的会议中商议形成，之后在 1944 年达成统一意见，但受二战的影响，直到 1947 年才被各国所采纳，几乎所有的西方发达国家都签署了该协议。该协议提出了固定汇率制度，以应对基本的失衡问题，外汇市场上汇率的波动被限定在上下 1% 的范围内，因而基本与央行固定汇率持平，如有需要，中央银行可以通过调节利率水平、干预外汇市场和资本市场来

3

稳定汇率。实际上，该协议意味着只有除美国之外的其他中央银行有保护汇率的动机，而美国联邦储备系统（以下简称"美联储"）却完全处于消极状态，这种不对等的责任负担可归因于美国在二战末期的绝对控制权和战后的主导地位。为提高大家对美元及美国政府的信心，在布雷顿森林体系中，还规定了美元与黄金的固定兑换比例，即一盎司黄金可兑换35美元，因此，对美国以外国家的中央银行来说，持有美元储备便相当于持有黄金。

在布雷顿森林会议议题中，同时也包括了成立国际货币基金组织（IMF）和世界银行的规划，IMF的职责主要是向那些因汇率管制失控而陷入困境的国家贷款，而世界银行则主要承担政策研究与推行的责任。除了固定汇率制度外，国际金融体系还受到一系列法律法规的约束，相对于发展中国家资本流动比较缓慢、个人贷款比较少的现状，发达国家间的资本流动则相对频繁，因此受到的监管也更多。另外，各国为控制经常账户的不平衡，可自由制定资本流动规范和汇率政策，IMF章程中至今仍规定有这项权利。布雷顿森林体系还提出了维持世界经济稳定的货币政策框架，即使一些国家的经常账户盈余有所扩大（比如德国，其之前的年度顺差占GDP的比例与世界均值相比一直维持在较低水平），然而，由于货币危机并非经常发生，因此在布雷顿森林体系崩溃之前，IMF几乎没发挥多少作用。

除此之外，各国的金融市场也受到了严格的监管，不同领域分业经营，例如房地产融资就与系统内的其他部门分离开来，并接受国家的严格控制。在经济发展中，消费贷款发挥着次为重要的作用，考虑到信贷扩张只集中在商业领域，因此消费需求的增长主要受益于收入的提高。同时，许多国家和美国一样也规定了利率上限，即使在像英美这样以传统资本市场为基础的金融体系内，股票市场也没有发挥特殊的作用。在欧洲大陆、日本及发展中国家中，市场则主要是以银行为主导的系统，银行是企业外部融资的主要来源。

　　资本主义模式在二战后采取了许多不同的形式，例如在亚洲的日本和其他许多以市场为导向的国家中，有着广泛的政府干预和深入的产业政策制度，包括了对贷款的分配权力。另外，外贸政策上也具有明显的民族保护色彩。此外，日本等一些国家采取终身聘用制，雇员没有失业风险，并且雇主在许多方面承担着家长的角色。类似的，收入分配在上述国家也基本较为公平。尽管欧洲国家的政府干预并不如亚洲国家般频繁，但也有一系列的产业政策规定。欧洲也出现过能协调各阶级的高福利政策国家，例如德国就为企业员工提供了很多参与企业管理的机会，并让所谓的"经济民主"成为现实。在德国，普通员工参与监事会甚至是大公司的董事会也并不罕见。另外，薪酬制度在欧洲受到集体协议的约束，协议由强势的工会组织与企业雇主商议而定，并适用于整个行业乃至全国。在欧洲，当时的收入分配制度比当今更为公平，即使是在美国，二战后的经济模式也大致趋同。在 20 世纪 60 年代末期，加尔布雷思（1967）就将国内的管理者描述为"为公共福利服务的官员"。

5

那时并不存在像赌徒一样具有破坏性的资本主义制度，和日本及欧洲一样，美国还处于中等发展水平，极少出现绝对贫困和极端富裕的情况。在二战后所建立的经济体系中，德国和日本更是在世界经济中创造了奇迹。而其他西方国家也为经济增长推行了积极的发展战略，这一时期的失业率较低，甚至在一些国家比如德意志联邦共和国还在20世纪60年代出现了劳动力短缺的现象，这便为引入外籍劳工提供了基础。20世纪30年代的大萧条所创造的经济模式和二战以后西方国家自己探索建立的模式都比如今的制度显得优越，不仅在于它们高效的增长、较低的失业率，也是因为它们具有更公平的收入分配体系、国家所提供的更优越的福利保障，以及能保证大多数人民拥有更高生活水平的能力，这个时期可以被称作是"资本主义的黄金时代"。然而进入20世纪70年代后，这种经济模式却陷入了危机，从而为市场自由主义的国际化提供了条件。

第一节　布雷顿森林体系的崩溃及其所引发的后果

经历了20世纪60年代的经济危机后，布雷顿森林体系最终于1973年2月彻底崩溃，这个体系赋予了美国相当大的特权，美国利用此项权利，不仅不必担心美元币值的稳定性，而且还把稳定币值的负担推给了其他国家。在 20 世纪 60 年代末期，对美元信心的缺失导致了美国境内资本的外流，而此时联邦政府仍未作出任何应对。事实上，造成信心下降和资本外流的真正导火索是美国在 20 世纪 60 年代后期因越南战争和国内对贫困的消除而造成的经济过热以及所采取的相应货币政策和财政政策。1971 年 8 月，尼克松总统宣布不再接受将国外中央银行的美元兑换为黄金，这进一步加剧了人们对美元信心的丧失。显然，美国政府担心美元的疲软会导致国内黄金的大规模外流，这次被称为"尼克松冲击"的事件让固定汇率体系彻底瓦解。1971 年 12 月所达成的《史密森协定》试图通过修改条款来挽救这个体系，然而，越来越多的资本流出美国，使得各国的中央银行加强了对外汇市场的干预，以防止美元的贬值，这又一次阻碍了受影响国家的货币政策，而此时的美联储却仍持观望态度。因此，德国联邦银行不得不介入市场，并把马克作为仅次于美元的储蓄货币。1973 年 2 月 12 日，德国联邦银行成为牵头拒绝继续购买美元的中央银行，自此便拉开了美元贬值的序幕。

从布雷顿森林体系后期阶段的国际资本不稳定状态中，我们就可以看出国际资本自由化的最终趋势，最终不管是政策层还是学术界，对固定汇率制度的支持者都将越来越少。从学术角度来看，浮动汇率制度可以促进各国自由的经济政策以及开放的商品和资本流动，尽管这个观点可能尚不够成熟。此外，浮动汇率制度也被认为能够使经常账户达到平衡（弗里德曼，1953；约翰逊，1972）。如果美国在那时采取不同的经济政策或者进行改革，例如，实施限制美国的特权、保持资本流动的措施，也许尚可以挽救布雷顿森林体系，但是美国当时并无这样的政治意愿，并且只有极少人对这个体系的崩塌感到遗憾。

欧洲案例

在布雷顿森林体系崩溃后的那个时期，人们也同样没意识到如果采取浮动汇率制度，外汇市场的稳定也将可能遭到破坏，图1.1是在布雷顿森林体系后期日元、马克、欧元、英镑和美元间的名义汇率（不包括1961年对马克的一次重估）。之后便进入了美元的疲软时期，到了20世纪70年代末，和主要对手国货币相比，美元的币值下降了近一半，直到1985年，美元才再次进入升值时期，其价值上涨了一倍，继而便是美元兑马克汇率接近一半的降幅。欧元自1999年产生以来，并没有带来币值的稳定，前几年的时间里，其对美元的汇率下降了20%，自2003年以后也才只回升了三分之二的价值。美元兑日元的汇率也经历了同样的波折，法郎、英镑、里拉和欧洲其他国家的货币兑美元的汇率和它们之间的兑换比例也极其不稳定。如此幅度的汇率波动让世界货币体系成为了震荡的发生器，各国的竞争力也因此迅速而彻底地发生着改变。另外，进口价格的波动会造成价格冲击，影响社会福利。然而，汇率的波动尚无法解释通胀率、利率、GDP实际增长率和其他基本经济指标的变动；同时，经济学家也无法为世界主要货币间的汇率波动提供可靠的预测。

图 1.1 日元、马克、欧元、英镑与美元间的名义汇率

布雷顿森林体系崩溃后，世界主要货币间建立了浮动汇率制度，占主导地位的美元仍位于货币层次结构的顶端；其次是马克和日元，它们在整个世界的流通程度显然较美元低；此外瑞士法郎、英国英镑也包含在内。曾有人指出自 1973 年以来，世界各国货币间的汇率完全是由市场决定的，然而事实并非如此。美元集团的出现削弱了许多其他货币的币值，尤其是在亚洲和拉丁美洲，汇率完全与美元挂钩；同时，蛇形浮动汇率制也在欧洲得以建立，欧洲货币体系内各国的汇率实施联合浮动；另外，日元尚无法建立自己的货币集团，而其他货币也因影响力太小，从而无法成为主要贸易和储蓄货币。

仔细分析欧洲货币一体化的进程可以发现，一些货币在布雷顿体系崩溃后经历了无序的波动，比如意大利里拉和英国英镑就曾出现过严重的货币危机。另外汇率的震荡也阻碍了欧洲货币一体化的进程，同时也让下一步进展陷入困境。因此德意志联邦共和国前总理赫尔穆特·施密特和法国前总统德斯坦发起了一场稳定欧洲汇率的行动。1979年欧洲货币体系（EMS）成功推行了蛇形浮动汇率制，并在法国、德意志联邦共和国、意大利和荷比卢经济联盟国家间建立了固定汇率体制，许多其他国家也相继加入了这个体系，使得EMS逐渐壮大。当然，也有一些货币如奥地利先令、德国马克并没有参与其中。布雷顿森林体系和EMS最大的区别是EMS尚未规定储蓄货币，体系内的所有货币都选择与欧洲货币单位（ECU）挂钩，ECU代表了系统内的一篮子货币，并作为固定汇率的计价单位。这样的体系设计其实是为了让其中一种货币成为储蓄货币，由于马克在投资者中的信誉较好，因而自然承担了这一角色，这便在很大程度上赋予了德国央行设定利率的特权。20世纪80年代末期，随着德国重新统一进程的加速，新一轮的欧洲一体化得以更深入地展开。1992年，随着《马斯特里赫特条约》的签署，欧洲货币联盟（EMU）正式建立。在当时，人们认为EMS到EMU的转变不会带来太大问题，但是EMS在1992年和1993年经历了巨大的动荡。1992年9月，英国退出EMS，尽管它在1990年才加入这个组织。1993年，机构间相对中央固定汇率的浮动边际从上下2.5%调整到上下15%，这也不可避免地导致EMS内一些货币出现贬值。因为当时德国的统一带来其快速的发展，并出现了通货膨胀的趋势，所以德国央行提高了利率水平，采取了紧缩的货币政策。然而，同一时期，其他国家却处于经济衰退的态势中，因此都期望能降低利率。此外，德国在 1993 年夏再一次调高了利率，尽管那时已有预测称德国将经历经济衰退周期；同时，国际投资者也预见到 EMS 中许多国家已无法承受德国央行所制定的利率，从而开始对英镑兑法郎的汇率进行投机。事实上，为对抗通货膨胀，德国央行实行紧缩的货币政策是合理的，但由于 EMS 和 EMU 都不支持德国政策，因此德国央行的各项活动受到了 EMS 和 EMU 的极力阻挠。

EMU 始建于 1999 年 1 月 1 日，自此，美元便有了一个比马克更强大的对手——欧元。与最初设想只建立一个小型货币联盟的预期相反，奥地利、比利时、芬兰、法国、德国、爱尔兰、意大利、卢森堡、荷兰、葡萄牙和西班牙也都成为了 EMU 的成员国。另外，瑞典和丹麦本身也希望加入，但后来却遭到拒绝。2001 年，希腊正式加入 EMU，2008 年塞浦路斯和马耳他也成为欧盟成员国，2009 年斯洛伐克也加入该组织。同时，一些非欧洲地区的国家开始建立欧洲货币体系 II，其原则和作用与 EMS 一致，系统内的货币独立于欧洲货币体系 II 而与欧元挂钩。然而，时至今日，仍有一些货币既不属于 EMU 也不属于欧洲货币体系 II，如英镑。为什么有如此多的国家选择加入 EMU，并且其他国家在未来也有可能加入呢？令人惊讶的是，欧洲货币联盟内的国体差别很大，《马斯特里赫特条约》对想要加入 EMU 国家的预算和债务水平都做出了规定，实际上，这便使得各国要么选择加入联盟，要么选择与欧元区汇率挂钩。显然，《马斯特里赫特条约》并不能对想加入联盟的成员国进行筛选，这便导致了成员国间的生产力水平、社会、税收和金融体系各不相同，尤其是薪酬制度更是差异连连。EMU 的一体化虽包括了引入统一的货币和货币政策，但是却缺乏对其他方面的统一，这些差异性的存在已经导致欧盟内一些区域的动荡。对于这点，我们将在接下来的部分中给予更为详细的讨论。

通货膨胀和保守的变革

20 世纪 60 年代末，绝大多数西方国家都受到了通货膨胀的影响，这不仅加剧了布雷顿森林体系的崩塌，也影响到了二战后经济体系的稳定（见图 1.2）。20 世纪 70 年代末期，通货膨胀加剧，即使是英国和美国这样的发达国家也面临着挑战，直到进入 20 世纪 80 年代，通货膨胀的局面才得以控制，最终英美选择实施保守的变革。在 20 世纪 60 年代末期，西方工业国家的失业率降至历史最低点，工人的短缺增加了雇员的议价能力，从而使得名义工资有所提高。薪酬的增加一方面是因为集体合同的约定，另一方面也来自高于约定条款的工资支付额。人工成本提高后，产品价格也随之上涨，然而，20 世纪 60 年代末期的问题并不仅是劳动力的短缺，毕竟用工短缺只是周期性的现象，并不一定会严重削弱经济体系的正常运转。当时，许多西方国家都爆发了改革运动，有的是为追求社会民主，有的则明显带有社会主义倾向性。同时，学生的"左倾"运动也开始兴起，这些运动以巩固民主权利、加深机会公平、支持教育体系改革、建立更为公平的收入分配体系和解决妇女解放及自由社会中的其他问题为口号，最终致使薪酬制度变得更加激进，许多国家都出现了激进的工会组织或煽动"野猫式罢工"的团体，并相继提出了很多极端的工资要求。

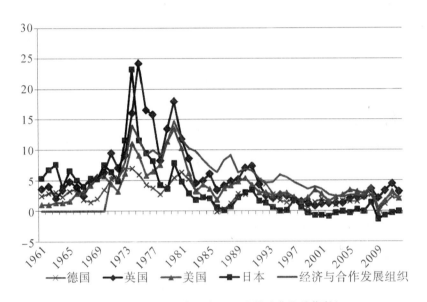

图 1.2　物价水平变化率（同比的消费物价指数）

　　发生在 1973 年和 1979 年的两次油价冲击也加深了西方国家的困境，在 20 世纪 60 年代末期和 70 年代初，全球经济增长和对石油需求的加大导致了油价的大幅上涨，当然美元疲软也是其中一大因素。和所有重要原料一样，石油历来使用美元交易，20 世纪 70 年代美元的下跌导致石油出口国的实际收入下降，并且使得美元区以外的商品价格相对上升。因此，石油输出国组织（OPEC）[①]便提高了石油价格，但在 20 世纪 80 年代又再一次急剧下跌，直至 2003 年才开始反弹回升，继而又出现一次暴跌（见图 1.3）。这两次石油价格冲击使得受影响的国家不得不

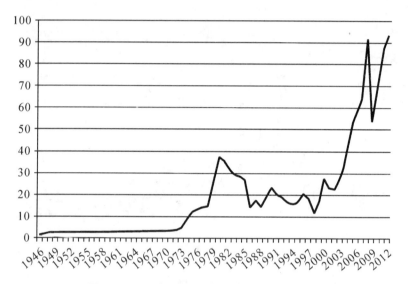

图 1.3 1946 年至 2009 年间的每桶石油价格

提高产品价格，从而致使相关的实际工资下降，而工资被缩减显然有悖于改革运动的期望和宣言。第一次油价冲击发生在 1973 年，那时的就业率相对较高，所以强行要求加薪来补偿实际工资的下降较为容易实现，从而便出现了工资提高带动产品价格上涨的螺旋模式。布雷顿森林体系的崩溃也产生了相似的

---

① 石油输出国组织（OPEC）始建于 1960 年，包括大多数阿拉伯国家、一些非洲国家和拉丁美洲国家。在 20 世纪 70 年代，OPEC 生产出了全世界石油总额的 50%，发展到今天，其产量降低到了约 40%。由于 1973 年的阿拉伯—以色列战争导致油价出现急速上涨，并于 1979 年伊朗伊斯兰革命时发生了第二次石油危机。

影响，在提高对汇率的管制后，一些国家因受到货币贬值的冲击，致使石油等进口产品价格出现上升，继而带动全部商品价格不断攀升，最终导致工人实际工资降低。另一些国家则由于受工资—价格螺旋模式加上货币贬值等综合因素的影响，从而使得情况显得更加恶劣。

美、英两国自建立自由市场经济模式后，经济取得了长足的进步。20 世纪 70 年代它们也都受到了油价上升、货币贬值和通胀性工资增长的冲击，经济显得非常的脆弱。政治上的不稳定性也同样存在，英国在那一时期更是经历了政党的交替：1964 年到 1969 年，哈罗德·威尔逊领导工党；1970 年到 1974 年，爱德华·希斯领导保守党；1974 年到 1976 年，威尔逊再度领导工党；1976 年到 1979 年，詹姆斯·卡拉汉继任工党领袖；1979 年之后，撒切尔夫人上台成为保守党领袖，才使这种政局一直维持到 1990 年。在这段时间内，威尔逊政府、卡拉汉政府以及希斯政府都在寻求与工会的合作，从而将工人罢工的权利限制在了合理范围内，这也是工会合作所能做出的最大让步。一般来说，如果工资增长过快，便会引起持续的通货膨胀问题。1976 年，由于货币贬值及通货膨胀的双重作用致使英镑出现了危机，英国便求助于国际货币基金组织，国际货币基金组织在提出一系列条件后，给予了英政府贷款。1976 年夏天，威尔逊辞职，卡拉汉就任总统。卡拉汉采取了控制通胀的措施，在尝试让工会接受稳定的薪酬体系失败后，他最终决定与之进行正面交锋。在后来所谓的"不满的冬天"中，罢工事件席卷全国，不仅冲击了整个国民经济，且几乎使之处于停滞状态。在这种背景下，1979年5月，被称为"铁娘子"的玛格丽特·撒切尔夫人赢得了大选，她当选后不久，便开始推行保守政策并正式对通货膨胀及阻碍经济增长和就业增长的工会宣战。

虽然美国政府致力于美元在世界的霸主地位，但美国的发展同样曲折。共和党总统理查德·尼克松于1969年上任后，因为"水门事件"，最终于1974年被迫辞职，将职位让与了共和党副总统杰拉尔德·福特，1977年，民主党的吉米·卡特尔当选为美国总统。20世纪70年代，美国在经历了国外政治信任危机后，似乎已无力成为世界强国，更糟的是，1979年美元再一次下跌，这种急剧的货币贬值诱发了通胀危机，同时美国工会对骤降的工资和缓慢的工资增长提出了抗议。最为严重的是美元作为世界储蓄货币的地位也出现了问题，石油输出国组织开始公开讨论是否应脱离对美元的依赖并接受其他货币的支付，卡特尔必须对此作出应对。1979年8月，保罗·沃尔克接替威廉·米勒出任美联储主席，沃尔克历来主张强硬的货币政策路线，并以忽略实体经济增长来抗击通货膨胀而出名。在那一时期，卡特尔向德意志联邦共和国和日本施压以刺激本国的经济，同时美国组织的"机车讨论"和协议框架更是为了提高美元的稳定度以及缓解国内经济的通胀压力。因此，日本采取了扩张性的经济政策，德国总理赫尔穆特·施密特也采取了适度的扩张性财政政策，但德国央行仍拒绝同中央政府合作。保罗·沃尔克任职后不久，于1979年10月召开了"汉堡会议"，在会上沃尔克再一次敦促德国央行通过加强对货币市场的干预来巩固美元价值，这一建议却被德国央行直接拒绝，几天后美联储大幅提高了利率，如此紧缩的货币政策让美国在 1980 年至 1981 年间陷入了二战后最严重的经济危机。整个西方国家也不得不跟随美国的货币政策，因而同样遭受到增长下降的威胁。20 世纪 70 年代拉丁美洲解除了对资本流动的限制，因此产生了大量外债，从而陷入了严重的债务危机，另外世界范围内的利率上升和出口贸易下降也导致了经济出现"迷失的十年"。20 世纪 80 年代的美国大选中，共和党的罗纳德·里根赢得了大选，并于 1981 年就任总统，直至 1989 年。与撒切尔夫人一样，里根上任后即对工会组织宣战，并发起了保守的市场自由主义改革。

第二节　弱势的左派和强势的右派

资本主义经济通常采用货币经济体制，如果货币在通货膨胀恶化时失去了自身功能，货币经济体系也将无法长期正常运行。关于德意志联邦共和国、美国、英国以及其他国家在应对通货膨胀时是否过于严苛，这是个永无止境的讨论话题。但不可否认的是，中央银行迟早会采取行动以防止国内货币体系的垮塌，尤其是当他们意识到本国正处于货币危机时更会竭力采取行动。1970 年的通货膨胀最终迫使所有的西方国家采取了紧缩型货币政策，进而导致了经济的下滑和失业率的上升。推行改革运动的政府在当选后，仍然面临着混乱的经济政治局面，因为他们没有可任由支配的工具来保证高就业率。当然在 20 世纪 70 年代，也有诸多实现发展的选择，但是社会民主主义、有社会主义倾向的政府和社会主义运动均缺乏宏观经济思维，从而也无法实现进一步的发展。首先，有必要通过减少工资的增长来应对通货膨胀，几乎所有国家都通过收入政策来遏制通胀性工资增长，然而大多尝试却终以失败告终。因为 20 世纪 60 年代的社会运动虽获得了广泛的支持，却混淆了改革措施和对工资的要求，这也是其最大的错误。布雷顿森林体系的崩溃让情况恶化，因为国际资本的流动加剧了各国的不稳定，比如美国和英国。通常来说，1960 年之后的事件表明那时的改革运动无法让各国及国际经济系统达到稳定水平，但这并非资本主义的根本危机，因为基本法律的存在，资本主义的矛盾也没有加剧。新的生产技术和规模化生产也不是诱导 1970 年危机的因素，那一时期各种形式的左翼政治运动瓦解了"资本主义的黄金时代"，但它们仍然无法通过改革传统体制让经济获得稳定。布雷顿森林体系的崩溃为市场自由主义的转变奠定了基础，市场在撒切尔夫人和里根总统时期才开始真正向自由主义转变，为了低通胀和高度自由市场的改革。撒切尔和里根能够将保守改革推进的决定性因素是他们愿意采纳学术界的建议，这些建议不仅让改革倾向保守性，也为改革的实施提供了框架。保守派有着学界大量研究的基础，并相信他们的方法是正确的，因为二战后保守党的智囊团就提出了市场自由主义的观点，最后，新古典学派经济学家弗里德里希·冯·哈耶克和米尔顿·弗里德曼也发挥了重要作用。20 世纪 70 年代后，新古典主义思想在学术界展开，并提出了自己的经济主张，但同样因为无法解决通胀问题而未能得到广泛认可。二战后的经济模型被政治和制度上的问题否定，人们认为受监管的资本主义更加优越，因为这比自由市场主义更加被社会认可，也更人道、更稳定。考虑到近几十年全球的变化以及迫在眉睫的环境污染问题，我们有必要借鉴 20 世纪 50 年代和 60 年代经济体系的经验，虽然我们也并不想复制它。

我们在采取新经济体系的制度之前，还应该深入对市场自由主义改革的讨论。市场自由化的议题包括了一系列重构活动，一方面涉及对金融市场、劳动力市场和企业文化的深入干预；另一方面也囊括了公共权责的私有化。放松管制、提高金融市场的自主性与管理观念的变化是同步进行的，发展中国家和许多自由贸易区也在进一步放松对金融市场的管制，为了削弱工会的力量，除了放松劳动力市场的管制外，一些提供公共服务的企业也在逐步实现私有化，终于，消除高福利国家中那些被认为不利因素的行动开始了，这个议题不仅受到英美的大力追捧，也被许多实行社会民主制度的国家所采纳。在 20 世纪 50 年代和 60 年代，即使是保守派政府也有社会民主主义倾向，历经 80 年之后，绝大多数社会民主政府也转为自由市场主义，20 世纪 70 年代的巨大变革也加剧了 20 世纪 80 年代无监管市场的全球化进程，尽管变革不可能深入到这种激进市场模型的各个方面。接下来的章节将以工业国家的发展为核心讨论市场自由主义全球化中最关键的领域。

第二章　金融市场的释放

　　自由市场全球化进程的核心就是放宽对国内及国际金融市场的监管，金融市场比其他市场更具发展活力，同时这个市场也是最不具稳定性的，经历了多年因不稳定造成的负面冲击后，发展中国家也意识到了问题的严重性。20世纪80年代，日本的股市和房地产泡沫导致了经济的停滞，这个影响持续至今，金融市场的脆弱性也危害到了发达的工业国家。20世纪90年代，互联网泡沫的影响相对控制得较好，而次贷危机却让全球金融中心陷入泥潭，进而导致全球实体经济陷入困境。系统性金融危机的爆发是出于偶然性的原因，但这并未受到人们的重视，原因是美国的房产市场和次级贷款。然而，困扰着金融系统的问题远比房产市场更为复杂，近几十年来的发展使金融系统抵御风险的能力下降，所以最终房产信贷市场的崩盘只是时间上的问题。为了拥有更多的操纵空间，金融大亨们开始不断游说政府，从而使得政府对金融体系的监管政策反复无常。诚然，不受约束的金融市场确实可推动整体的经济增长和运行效率，但这却始终无法使大多数经济学家、管理者、政客、记者及监管层信服自由主义市场的愿景，因为金融市场扮演着非常重要但也较模糊的角色，为阐明观点，我们还需要做更细致的分析。下文中我们将以次贷危机作为简短开端，因为这不仅触发了当今的改革措施，也为我们审视金融系统的问题提供了很好的参考。之后我们将分析涉及面更广的政治背景和金融释放的崩溃点，即促使次贷增长的相关机制，进而通过一些技术分析，探讨如何使管理层以牺牲其他方面利益为代价来在短期内集中股权价值，结果表明审视金融化的机制对企业乃至部分金融体系均是没有太多影响的。本章的最后一部分更抽象，我们将"理性错觉"作为金融资本主义成功的有机内核，虽然我们已尽量将技术分析部分表述得通俗易懂，但一些部分读起来仍然会比较费劲。然而，我们认为通读这部分是值得的，尤其是当读者希望理解关于金融监管和金融市场在我们日常生活中的角色时。另外，关于此方面的其他有益讨论大多集中在相关专业领域中，如《金融时报》《经济学家》或者《华尔街日报》，接下来，让我们首先从次贷危机开始谈起。

次贷和 3A 危机

2007 年美国爆发的次贷危机蔓延成系统性金融危机，并导致二战之后实体经济中最严重的危机，这些都可归于之前对金融市场的管制过于放松的缘故。在 20 世纪 40 年代到 20 世纪 90

年代中期的这段时间里，美国楼市价格一直保持着稳定的态势①，随着 2003 年之后美国经济形势的好转，房地产市场开始迅速发展。实际上，经济的好转主要源于楼市的泡沫，一方面，上涨的房价带动了建筑业；另一方面，许多美国人在房价上涨时再度把自己的房产作为抵押，以获得更多的消费贷款。终于在 2006 年，房价达到了峰值，此后便出现大幅回落（见图 2.1）。

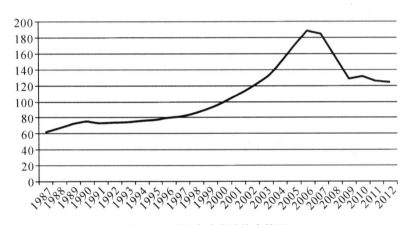

图 2.1　美国房地产价格走势图

经济繁荣前，长时期稳定的房价得益于 20 世纪 30 年代经济危机后的罗斯福新政下关于房地产市场的重组②。1938 年，国家联邦国民抵押贷款协会（即我们熟知的房利美）成立，旨在推动个人住房业的发展。房利美从银行买入房地产贷款，并通过发行长期债券进行融资，这就是为推动房地产发展而推出的美

①　参见希勒（2008）。
②　参见多德（2007）。

国式资产证券化交易，也为购房的刚性需求提供了信用贷款。房利美集中审查房屋贷款的质量和数量，从而为房地产市场的稳定起到了功不可没的作用。比如，银行只允许将优质贷款再次出售给房利美，而有着极高风险的房屋次级贷款的影响表现甚微。20世纪60年代末，房利美被私有化，联邦国民住房贷款公司（房地美）于1970年成立，以防止房利美对市场的垄断。那时，两家机构都受到政府的严格监管。在1970年，通过将一系列的住房贷款打包，从而第一批住房抵押贷款作为资产证券得以发行。当然，这些证券的现金流也来源于贷款的偿还。住房抵押贷款证券是资产支持证券的一种形式，起初这些债券并没有声名狼藉，而是与欧洲长期存在的抵押债券相似。2001至2002年的经济衰退却让情况发生了根本改变。2003年，57.6%（520亿美元）的住房抵押贷款证券作为优质贷款开始交易，37.4%（340亿美元）的证券被定为次级贷款，15.8%（140亿美元）的证券介于前两者之间，被称作准优级贷款。对比2006年的情况，当时只有26%（672亿美元）的住房抵押贷款证券可作为优质贷款，44%（1143亿美元）的证券属次级贷款，另30%（765亿美元）属于准优级贷款[1]。

"瀑布原则"的创新让次级贷款和准优级贷款的大规模销售成为可能，资产担保证券和债务抵押债券被分为几个独立的部分，通常分为股本层、中间层和优先层。如果债务人无法还钱，

---

[1]　参见多德（2007）。

则从股本层开始损失，并承担全部风险；接着是中间层，当股本层和中间层的投入全部损失后再由优先层承担。因此，优先层似乎是最安全的，在次级贷款中，它被评级机构评位最高信用级别3A，所以优先层和中间层吸引了很多机构投资者，甚至是严谨的德国地区银行的购买。股本层则因为具有较高的收益率，主要由对冲基金和其他激进的特殊投资者购买。房地产贷款的质量随着美国房产泡沫的膨胀逐渐下降，此外，大量房产抵押贷款机构的成立也让房产融资市场的竞争日益激烈，而且它们也游离在银行监管体系之外。同时，华尔街投资银行通过配售抵押贷款支持证券和债务抵押债券保证了这些机构的再融资，由于上述融资模型中的风险和会计原则的问题，信用贷款迅速扩张。在当时的泡沫时期，主流观点认为房价在长时间内会持续上涨甚至会永久上涨，这也是一个诱导因素。通过各种形式的创新后，包括低息贷款和零首付条件等，便不需要自有资金，从而让住房贷款更具吸引力。这里面存在着明显的道德风险，因为房屋贷款的发行者忽略了贷款的质量，并且贷款的出售也没有遇到任何障碍。

2007年夏天，在房价停止增长一年后，次贷危机爆发，美国利率的上涨和房屋相关费用的增加也诱发了房产泡沫的破裂。美联储因担心通货膨胀从而提高了国内利率，这致使人们的预期改变，此外建筑业的繁荣也增加了房屋的供给。危机爆发时，评级机构下调了房屋贷款抵押证券的评级，这也让市场感到震惊。评级的下降导致特殊目的机构的再融资变得更为困难，机构投资者、激进的投资机构如对冲基金等停止购买房屋贷款抵押证券和包含了房贷抵押成分的证券以及特殊目的机构发行的无担保短期债券。这更导致了残酷的后果，银行不得不接管特殊目的机构，从而让自身陷入了流动性和偿付能力困境，由于特殊目的机构没有权益资本，这让后果变得更可怕，也激化了期限转换的问题。同时，这些因素也让创建特殊目的机构的金融部门突然间承受了巨大压力，哪些银行帮助过哪些特殊目的机构、哪些银行的资产负债表内包含有风险证券，这些信息的不透明让银行间货币市场崩溃。世界各国的中央银行被迫提供大量的资金来保证金融系统的稳定，随着危机的进展，货币市场很难再复苏，因为银行间的信任缺失已十分严重。此外，影子银行系统中投行和其他金融机构间的相互信任度也大幅下跌。此后危机的发展和教科书里所描述的方式一致，IMF 估计美国房屋贷款的冲销额在 5 000 亿到 6 000 亿美元间[1]，这是一笔巨额数目，但仍不足以消除世界金融和经济危机，不稳定的金融体系引起次贷危机中负面的反馈机制是其决定性因素。为支持所属的特殊目的机构，金融部分消耗自身资源，最后却因权益资本的缺乏而受重创。比如，因为低水平的资本率，商业银行无法满足法定资本公积金的水平，也不得不控制它们的贷款。银行通过设定特殊目的机构来逃避资本金的规定被证明是有危害性的，一旦房价下跌，房屋贷款抵押证券、抵押债券和其他证

---

① 见 IMF（2008）。20 世纪 80 年代，发生在美国的"储蓄与贷款"危机（同样也是一次真正的房地产危机）具有与此相似的维度（见赫尔维希 2008）。

券资产不得不折价，负面的预期传递到股票市场，股价也开始下跌，下降的价格让金融机构的资产价值缩水，而他们的权益资本和贷款能力已经因逾期的贷款和特殊目的机构遭受重创。一些对冲基金倒闭，让金融系统雪上加霜，金融机构因流动性匮乏，不得不廉价抛售资产以获得流动性，这样就让资产价格进一步下跌。私人借款者和负债累累的公司也被迫采取相同的措施，这样的结果便是发展中的市场出现通货紧缩，这其中包含较强的内生性机制（欧文—费雪，1933）。这些事件是在极其不利的制度条件下发生的，这些不利条件的发展导致了危机的加剧：金融系统不得不通过制定风险战略，追求高收益的资本而鲁莽地降低资本率，尤其是非法定部分的资本要求。这样一来，即便是微小的冲击也会造成极大的影响。基于公允价值的会计准则，进一步恶化了金融机构的权益资本，风险模型事与愿违地变得更糟，最后，影子银行造成透明度的缺失让市场其他参与者的信任很容易流失。资产市场出现通货紧缩而导致大规模的偿付难题只是时间的问题，在危机爆发后一年，大多数金融机构陷入了偿付困境，这些问题只能由政府担保解决，或者通过私有机构的国有化方式。由于对未来市场的不看好和可用资金的缺乏，银行系统收紧了信贷扩张并采用了严格的信贷配给，但其他的一些因素导致了 2008 年的经济衰退，如负资产的影响降低了消费需求和企业的贷款机会。在实体经济中，危机的发展带来了失业率和随后而来的实体企业的问题，造成进一步的贷款违约和对未来前景的悲观情绪，从而加剧了实体经济的危机。

下一节中，我们将把危机放在资本主义金融的临界点中加以分析，以更好地把握次贷危机中系统层面的关键，这也是很有必要的。因此，我们将进一步回顾金融历史，从中逐步探究出当前金融市场背后的潜在动力。

第一节　金融资本主义的突破点

在里根和撒切尔执政后，美国和英国金融市场的管制立刻被放松，随后便开始了金融化的进程。自此，金融市场在经济体系中发挥的作用愈加明显，金融市场中的相关人士和机构更富权利，金融市场的目标和社会其他领域相比也显得更重要，主要工业化国家和发展中国家的金融市场从此显得更为融合。1980年后加速的金融释放让金融体系更动荡，这也加剧了系统性风险，在这里需要阐述几点最重要的发展趋势。

第一，从国际和国家层面来讲，金融体系的各部分更加融合，例如，二战后各国的房地产市场差异很大，有的受到严控有的却几乎处于自由状态。1980年之前，房屋贷款由特殊机构发放，因而竞争程度不大，房屋贷款的数量和偿还时间也有严格的规定。而1980年后，随着金融市场的管制放松，这一情况也发生了变化。先是新增贷款的发放机构激增，竞争也日益加剧。传统银行系统外的金融机构所占市场份额因个人住房贷款业务增加了一倍，美国、加拿大和澳大利亚在 20 世纪 80 年代后期至 2005 年的情况也都如此。之后，住房贷款的金融市场大规模发展，也为贷款的出售提供了条件，这样，住房贷款市场与国内甚至国际金融市场的联系便更加紧密，因为国际投资者可以在二级市场购买住房贷款，而这其中，德国、法国和意大利属于例外，因为这些国家的房地产融资发展相对缓慢且合理①。此外，股票和其他资产市场也在全球出现了融合，国际投资者、投行及富裕投资者也都持有了一定份额的资产，跨境的资本流动和国家间的关联贷款也快速发展。

　　第二，所谓的资产证券化在金融管制放松的背景下火速发展，这也为大量的金融创新提供了可能，也成了次贷危机的导火索。债务的证券化简化了交易，因此广受欢迎。事实上，证券化属于相对较老的方式，如商业票据的交换即为如此。然而，近几十年的证券化浪潮也带来了一系列的负面影响，"购入并持有"的银行商业模式转变为"购入为出售"的方式，从而得以使贷款从原始债权人手中售出，由于许多国家的银行对所发放贷款给予支持，因此造成贷款的最终持有者对贷款的质量毫不知情，贷款的发放者对债务的质量也毫不关心，这种信息的不对称最终造成了大量的道德风险。此外，长期贷款致使个人流动性增加，因为即使是长期贷款，在危机时期也可以拿去市场

---

① 见卡达富利，伊戈安和雷布琦（2008）。

上出售,倘若在证券化过程中,长期贷款的支付靠短期贷款融资,则个人的流动性将会进一步增加。过去几十年的证券化趋势让金融机构、公司和富裕的家庭积累了大量的证券,他们随时可在二级市场上出售,因而让市场参与者认可了这些证券的流动性,但需要注意的是:从整个经济体系的角度来看,证券化本身并不能增加整体流动性,如果所有的债权持有者都选择在同一时间出售证券,那么这些证券的价值将跌入深渊,证券也不再充当财富的储存形式。因此,次贷危机时期,中央银行不得不向市场投放数十亿资金来维持国家经济体系内的流动性。

第三,评级机构也因为证券化发展变得更加重要,因为证券的购买者缺乏一手消息,因此只得依赖于专业的评估机构。此外,银行因没有自己的风险评估模型,也需依靠评级机构对银行贷款者作出评估。另外,《巴塞尔协议 II》对银行资本充足率的规定也加重了银行对评级机构的依赖度,因为在没有内部风险评估模型的情况下,只能依赖评级机构来决定银行所需要持有的资本额,因此,评级机构的话语权主导了借款人获得贷款的能力和全世界投资者的投资份额。在实际操作中,这些机构处于法律真空地带并不受监管,因为全球只有几家重要的评级公司,所以他们形成了寡头垄断,标准普尔、穆迪和惠普瓜分了整个市场,此外,这些评级机构也为他们认为有价值的公司或产品做了大量广告。

第四,传统商业银行的重要性下降,投资银行、保险公司和各种基金发挥了越来越重要的作用,这也就直接导致了金融市场的许多份额从受严格监管的商业银行转向监管较松的机构。自此,一场以规避监管、最大化利润的角逐真正展开了:银行将证券化后的贷款转给没有权益资本的特殊目的机构,该机构是银行或其他金融部门设立的法定实体组织,他们从银行购买长期资产,并打包成短期金融产品售出,以获得再融资。有时,金融部门对他们设立的特殊目的机构负责,并授予信用额以防持续的再融资或贷款打包产品出现问题。特殊目的机构可以让银行大量规避资本充足率的要求,离岸金融中心的功能也与之类似,通过吸收金融资产,规避严格的监管并为逃税和洗钱提供了空间。影子银行也因为较松的监管、低透明度和较低的资本充足率要求,就如一个与金融系统平行的体系存在并盛行。

　　基于各种原因,金融体系的系统性风险开始增加[①]。第一,影子银行系统中的金融机构监管较松;同时,风险导向的对冲基金、投资银行和其他激进的投资机构选择了比传统银行更大的风险,大部分小型投资者也开始进行投机操作。先前,大部分人对股息及汇率波动并不关心,但而今,我们被各种与发展有关的新闻、财经频道和金融杂志及相关广告所包围。第二,传统银行体系中的系统性风险也在上升,因为受监管的商业银行与影子银行系统密切相关,所以商业银行在次贷危机爆发后采取措施以保护他们为规避资本监管而设立的特殊目的机构。第三,银行为高回报率而疯狂,德意志中央银行宣称25%的股

---

① 见拉詹(2005)。

31

本回报率是正常的，因为这正是市场所期望的结果。实际上，影子银行中的期望收益率比这更高，尤其是在低利率时期，投资者为稳定他们的现金流而显现出更强烈的投资意愿。随着影子银行的出现和对回报的狂热追求，金融体系中的自由资本开始下降，同时许多机构的信用杠杆也日益增大。第四，国际资本流动的自由化和国家金融市场的监管放松也增加了金融系统中的竞争压力，许多国家中的寡头垄断机构统治了金融市场，这也是造成金融体系不稳定的一个原因，也因此将金融市场得以稳定的基础给破坏了。第五，《巴塞尔协议Ⅱ》和新的会计政策促成了顺周期效应和金融市场的活力。最后还需考虑世界货币体系和金融体系的发展，国际金融市场的放开也促使国际资本流动在1970年至次贷危机之前得以更为快速地增长。

布雷顿森林体系崩溃后，世界主要货币间的汇率也开始受资产市场的主导。汇率的变化不仅取决于资本的流动，也依赖于市场的预期，因为市场预期并不稳定，因此汇率间的波动也就日益剧烈，但这些因素都尚无法解释有些汇率的中期剧烈波动，比如美元兑欧元的汇率。与股市的波动相似，国际货币系统的不稳定性已对世界经济造成了剧烈冲击，从而导致了非常不合理的资源分配和价格水平。然而，不仅仅只有国际金融中心间的资本流动出现了不稳定，发达工业国家和世界其他地区以及周边国家的资本流动也极具不稳定性，尤其是当大量资本突然流入周边国家，造成资本的外流时，这些也通常被称作是所谓的"一时性繁荣"循环①。在繁荣时期，资本流入周边国家，从而让经常项目逆差加大并增加了本国的外债，鉴于"低质量"的货币只能发生在国外，加之所有外部和内部的原因，资本流入突然转变为资本流出，同时伴随着货币市场和金融市场危机的加剧，所有这些都起源于因国内货币的贬值和资产市场的通缩所引起的外债增加。布雷顿森林体系崩溃后，有过三次"一时性繁荣"循环。20 世纪 70 年代，第一波资本流入发生在发展中国家和新兴国家，那时的资本主要流入拉丁美洲，因为当时亚洲国家尚未开发资本流动，然而不管怎样，苏联的壁垒将自己与世界隔绝，另外，由于政治和经济的模式差异，并无私人资本流入非洲。在 20 世纪 70 年代末期，因为美国的高利率政策、里根总统当选后人们对美元信心的下降以及对发展中国家出口收入的减少等原因，资本开始从拉丁美洲国家流出。1982 年，墨西哥政府破产，此次破产也迅速蔓延至几乎所有的拉丁美洲国家，德裔美籍经济学家卢迪戈·多恩布什在他 1990 年的著作中讲述了经历 20 世纪 70 年代繁荣后拉丁美洲"迷失的十年"。20 世纪 90 年代初期，第二波资本流入发展中国家和新型转轨中的国家，尤其是亚洲和苏联国家，这些国家已解除了对资本的管制，随着 1994 年的墨西哥危机打破了繁荣阶段，之后便进入萧条时期，发生了诸如 1997 年的亚洲金融危机、随后的 1998 年俄罗斯危机以及阿根廷和土耳其 2001 年的危机。提到

---

① 见威廉姆森（2005）。

最长的一次循环，无疑便是 2003 年开始的最辉煌的繁荣阶段，直至 2007 年次贷危机爆发后才进入萧条时期，2007 年后的衰退也使得一系列国家陷入了货币危机（波罗的海三国、乌克兰、匈牙利、冰岛、巴基斯坦、冰岛），此次遭受货币危机的国家还包括俄罗斯、南非、土耳其和越南。考虑到国际资本流动的巨大波动以及给发展中国家和新兴市场所带来的负面冲击，因此，放开资本管制国家的发展并不比维持资本管制国家的发展要好，这一点也并不意外[①]。

第二节　股东资本主义的逻辑缺陷

二战后的十年间，一种利益相关者资本主义的模式开始日益盛行起来，这种模式试图在所有者、管理者、公会、借款者、消费者和权力机构各方间寻找到一种平衡和妥协，然而，这种模式最终却被股东价值资本主义所取代，公司治理也发生了根本性变化。在美国和欧盟，资本金融市场在公司融资、资产管理和社会保障方面的作用被刻意加强，核心便是"股东价值"，公司和银行的中心便是股东利益，从而便决定了公司结构和投资行为的方向。股东价值是盎格鲁—撒克逊管理中的概念，在

---

① 见罗德里克（1998）和斯蒂格利茨（2004）。

阿尔弗雷德的《股东价值创造》一书中也提到了此概念。当时，美国境内的公司为增大市场份额，不顾所有者利益最大化采取恶意收购。为防范这一行为，他们便提出了"股东价值"的概念，这是为了保证股东的投资回报高于平均值的公司治理框架，管理层只对所有者负责，这意味着可以依据公司股价和同行业竞争者之间的比较来衡量管理的绩效。为了更为有效地激励人员，管理层的薪酬也与股票期权和奖金、利润挂钩，股东价值资本主义让管理者得到了巨大发展，但同时也让他们担负着如何增加公司价值的压力。此时，机构投资者也承受着如何完成高回报任务的压力，因此必须密切关注管理者的动向，金融市场的分析师和记者也同样密切关注着他们。金融市场和其中的参与者在评估公司时都尽可能地实事求是，通过市场机制来保证"公允价值"的体现，这是被人们所广泛认可的，而金融市场机制的反对者则表示这些是"非理性的繁荣"，但这一点却已经过时[1]。在股东价值的框架下，金融市场的核心是股价和短期收益率，这对金融机构和制造企业都适用，并且显得越来越重要。日益重要的金融市场和金融体系的活力对企业，尤其是企业的管理层有着结构性的影响，当传统银行日渐脱离传统的"开户银行"业务而往投资银行方向发展时，欧洲大陆的金融系统也开始与盎格鲁—撒克逊模式趋于融合，并开始在金融系统发挥中心作用。由于公司必须持续担心它们在股市中的股价，

---

① 见席勒（2008a）。

因此一些主要的工业企业必须被迫重新考虑它们的战略定位。与效率理论相反，股东价值战略强调了利润的追求和对社会财富的积极贡献，但结果却显示过去几年里对金融市场指标的片面追求是失败的。股东价值原则的建立对工作环境产生了巨大的影响，让它向更灵活的外包方向发展，外包的范围上至企业会计核算，下至清洁打扫。而那些沿袭传统，将所有工作都在公司内部进行的企业则只能通过压低公司和降低工作条件来保持竞争力。

一个关于公司治理的实证研究结果显示，如果将财务指标体系根据股东价值模型加以设定，则对经济的创新能力会产生负面影响①，股东价值模型可以认为是只求利润不求投资的模型。因为所有的利润都是通过短期战略，包括并购和收购来实现的，所以股东价值模型导致了低投资与低增长，从而在经济金融结构上带来了巨大的系统性风险，甚至是阿尔弗雷德·拉帕波特也批评了现代管理中的短期导向会对实体经济造成可怕的影响。股东价值原则是否真的让公司管理受到所有者的控制也受到了诸多质疑，管理层似乎可以通过牺牲股东的利益来实现自身的利益，但利益相关者体系显然能更好地控制管理层。金融指标导向的管理也牺牲了对资金的有效利用，比如员工培训虽然不产生直接回报，但这对保持竞争力却非常必要。此外，尚无研究证据显示股东价值导向与公司价值的增值具有正相关

---

① 见拉佐尼克（2008）。

关系，股东价值让公司内部的权利出现单方面转移，股东价值管理的概念成为了社会关于资本主义的生产组织和社会财富分配争论的中心构件。

本章的最后一部分中，我们从股东价值的层面转到理性人的概念，因为这也是整个金融市场效率的基础。在实践中，我们往往会看到人们对效率和理性金融市场的假设以及对股东价值理论的赞颂，但这些都是错误的。因此，下一部分我们会详细解析这些所谓的偏执理性假设。

第三节　理性的错觉

在保守改革的背后隐藏着巨大的利益动机，而游说放宽金融系统监管的组织也只是其中一类受益团体，但是，改革虽在理论上得到了支持，却需要更为细致的检验，因为有效改革的前提仅仅是对金融体系理论上的理解。凯恩斯主义是对新古典主义和凯恩斯思想的折中选择，它是从传统的古典思想和凯恩斯在 20 世纪 30 年代经济危机背景下的观点中发展而来的。但凯恩斯主义却在 1970 年新古典主义复苏后，逐渐被许多经济学理论所取代。由于宏观经济学的方法涵盖了整个经济，因此被认为已过时，而关注个人主义的微观经济学方法则得到认可。在这些微观基础上，宏观经济学水平进一步得到发展，国民经济由单一的实体经济分析推出，单一实体或者单一家庭被认作与企业界及所有家庭相同，只不过后者是前者的总和。对经济学家来说，一个独立的宏观经济模型似乎不再必要，构成整体经济的微观基础也可用于分析金融市场：如果所有的微观实体行为理性且稳定，那么整体金融体系也会趋于理性。由于金融市场规则把重点放在微观实体的稳定上，因此便忽略了宏观性的系统风险。

20世纪80年代，经济学争论受"理性预期"的方法主导，此方法最早可追溯至罗伯特·卢卡斯，托马斯·撒金特及其他一些学者[①]。理性预期假设经济体中的各主体如雇员、消费者、企业家和投资者能够对未来所有的重要经济指标作出测算，如股价、商品价格、利率、通胀率、失业率、工资以及国民生产总值等，这些指标都是基于客观的概率和自身经济行为算出的，比如购买、雇佣或者投资决策等。这其中还假设所有个体均知道未来所有事件并能对其作出准确的概率预测，当然，所有概率的总和为1。要做到这一点，经济主体必须理解经济运行机制中的各项因果关系，才能推断突发事件会如何改变相关变量值，如公共开支的增加以及新科技革命的发展等。理性预期并非要求每个人都要有千里眼，它是假设人们能通过过去的数据，如历史波动和历史违约率等来得到客观的概率值。历史被看作是未来的最佳导向，一些时候可能在计算时出现失误，但总的来

---

① 见卢卡斯（1981）、萨金特（1979）以及萨金特和华莱士（1976）。

说他们可以正确地预测未来。在经济模型中，理性预期将事情彻底简单化，预测结果与经济模型完全一致，从而也就失去了对经济发展的影响。然而，这个方法忽略了一系列问题。第一，即使是专家也无法知晓经济中的因果关系是如何发挥作用的。经济学家间公开的辩论中，关于次贷危机爆发后衰退的深度以及经济应对政策的讨论，足以证明一个经济事件解释的多样性。但是如果专家都不能准确判断因果关系，那么广大的工人、投资者和小企业主又怎能做到呢？第二，理性预期假设个人在理解经济体的基础结构时不需要任何时间，即使是结构的变更也会被个人立刻知晓并纳入计算考虑中。第三，因为未来是未知的，人们必须参考以前的发展状况，于是便隐含假设过去的经验可以让我们预测未来，但事实却并非如此。

在金融市场分析中，有效市场的假设与理想预期一致。芝加哥大学传统经济自由派经济学家尤金·法玛在 1970 年提出理性的市场中，资产价格能反映所有信息，投资者通过基础数据分析资产价值后是理性的，如有新的与未来现金流有关的信息出现，市场便会立即对此作出反应，以使新的价格能够反映新的信息状态。这种假设下的逻辑很简单：如果个人投资者发现一家企业有一项有前景的发明，却未反映到股价上，他们便会购买这只股票直至股价与新的信息基础相一致。反之，如果投资者发现一家企业陷入困境，却未反映到股价上，他们便会卖出股票直至股价跌至能够反映这一信息为止。如果每个理性投资者在接受相关信息时的行为相同，市场价格就会一直反映所有可知的信息，如果市场参与者的行为不理性，这个基础模型也不会大幅改变，因为不理性的参与者会因受到损失而被挤出市场，因此，损失的产生最终能使得各方达到平衡。值得一提的是，在这个模型中，市场连续一周、一月或一年长期的向上和向下波动的情况被排除在外。当投资者能提前获知未知的关于公司或整体经济基础发展的信息时，便可获得高于市场平均收益的回报率。然而，因为所有的投资者均对新信息能够做出迅速反映，因此资产市场的价格泡沫与投机所得同样是不可能的，在理论体系外，这也许会被认为是荒谬的。因为有效市场假设和理性预期假设与现实的关系不大，即使设定所有的市场参与者都用同样的方式评估经济基本结构和预测未来，并且他们的预期与实际没有系统性分歧，这也是不现实的。同样脱离现实的假设是，投机泡沫不会在金融市场中发展，然而直至今天，很多经济学家还在极力为理性预期和有效市场假说辩护，反对有效资本市场和理性预期的理论基础是凯恩斯提出的，对他来说，不确定性是理解资本经济的决定性因素，因为不确定性，历史上的每次发展都是一次性的，所以对未来的统计不能参照历史，不是所有的历史事件都能被知晓，即便是知道的事件也不能代表将来发生的概率[1]。思考钢铁公司股价的估值并计算未来 40 到 50 年的现金流是非常困难的，如果再假设所有投资者的估计一样，这就显得更为荒谬了。我们真不知道，这就是

---

[1] 见沙克尔（1958）。

凯恩斯（1937）定义的决策制定特点，如果有人赞同凯恩斯，资产市场就会被预期主导，而且也不会假设预期都是基于基本原则设定的。首先是基本原则很难被界定，不同的市场参与者具有不同的评估，因此期望取决于非常脆弱的基础。此外，预期不仅仅基于经济因素，政治和体制因素同样也发挥着重要作用。许多市场参与者也在短时间内操作，他们也懒得理基本原则，而只是在图表分析的基础上机械地操作。通常，反映社会发展的情绪是稳定的，比如一段时间的悲观和乐观，但是，让情绪发生快速而深远的变化也是可能的，资本市场具有羊群效应的特点，大家都跟从群体的领导，从而形成一个大的投资基金或机构，这样的行为势必会导致非理性泡沫，并引起高成本和高破坏性的风气。凯恩斯（1937）、费雪（1933）、金德尔伯格（1996）、明斯基（1975）和斯蒂格利茨与格林沃尔德（2003）等经济学家都对此处所描述的资本市场特征给予了清晰的阐述。

无限量供应？信贷周期

金融市场中还有很重要的一方面，即金融体系的信贷总量能够无限量扩张。经济学家熊彼特解释这是因为货币和信用能够凭空想象出来，也可以按意愿将之放大成倍增长。商业银行在借款人的账户上记录其信贷项目以发放信贷，如果所有的银行都发放更多贷款，那么当单个银行没出现融资瓶颈时，整个银行系统就会得以持续平衡。诚然，信贷的扩张需要额外的央行资金作支撑，一方面是因为借款人可能随时需要提现，另一方面也是出于银行的最低法定准备金要求。商业银行可以从央行获得额外所需的资金，这对商业银行再融资没有直接限制，但是可通过改变再融资的利率来影响他们的行为。金融体系的信贷扩张以及间接的货币供应增长往往依赖于对资产市场价格走势的预期，在乐观的预期之下，信贷扩张会增加；在悲观预期下，只会导致债务人面临更高的利率风险和信贷紧缩。

　　资本市场的通货膨胀和信用贷款是相互影响的，在资本市场通胀时期，信用扩张如同拉手风琴一般会导致双重反馈效应：一方面，债权人的证券价值和权益资本上涨，随之债权人更愿意提供资金；另一方面，资本市场通胀的正面效应会引起一部分债务人的信贷需求增加。短期内，资产价格的敏感度不大，长期来看也是如此，因此，肆无忌惮地信贷扩展会导致资产价格的大幅上涨，如果对股票的需求增大，新股也就不会自动发行。房产价格的飙升会带来建筑业的繁荣，但这是发生在房产供应大量增加之前，而如果资产泡沫破裂，便会引起负效应，资产价格的下降会压低证券的价值和金融机构的权益资本，并引起金融体系的信贷总量减少。在资产价格下降时，金融机构将面临破产，金融市场系统性危机也会出现，从而会破坏符合社会需求的正常信贷分配。在现代金融体系下，潜在的无限信贷扩展可能会导致过度泡沫。这种潜在的灾难性后果表明对信贷发放加以严格监管是很有必要的，这也是为什么商业银行的信贷扩展要受到资本金、最低准备金和其他条款要求的原因。

如果没有监管，金融体系便可任意扩张，从而产生泡沫，随着泡沫逐渐在资本市场中被吹大，最后便无可避免地破裂，进而酿成经济恶果。

有效金融市场的原则是：在理性预期的经济体中，市场中参与者的行为是可以被多年来的经验所证实的。比如，"风险价值模型（VaR）"是计算组合风险的最佳方式。VaR 是用于衡量风险并估计一段时间内风险组合损失概率的模型，该模型的计算完全依赖于历史数据。与之类似的是金融界著名的布莱克斯格尔模型，它主要用于评估期权价值，市场的历史波动也在模型中发挥了重要作用。1970 年后金融体系的风险管理得到了长足的发展，降低金融体系风险的信心也越发见长。然而，因为模型都是基于历史数据的，因此在经济蓬勃发展的情况下，风险将被估计得很低；而在经济下行时，风险则被人为夸大，所以，这些模型具有顺周期效应。换句话说，其放大了资本市场的泡沫，也加剧了泡沫破灭时的成本。20 世纪 90 年代开始引进的源自于美国的会计规定变化也是基于有效市场的假设，自此历史成本原则被公允价值计量所取代。如果一个投资基金以一定价格买入股票，股票便会以购买时的价格被计入账簿，如果之后股价上涨，那么新的价钱也将会被计入账簿，列入投资基金的利润。按照传统的会计方法，即使股价上涨，账簿中的股票价值也将维持不变，而在新的会计准则下，在资本市场通胀时期，公司资产负债表的资产价值和利润便会上升。如果没有通过公司的收入和支出合理改善状况，结果便是高奖金、高分红和高借款的激励。在很多国家，很多公司会通过购买自己的股票，推动股价上涨来增加奖金和分红。在资产价值下降时期，公允价值计量会导致权益资本的减少，甚至出现偿付和生存的问题。一般而言，资本市场在经历通胀后会存在更高的分红，而在发生危险时，公司则会因权益低而无法做好充分准备，最终造成公司元气大伤。如果资产价值不能反映基本面，公允价值计量便会助长这一趋势。换句话说，它将会加剧事态发展，从而放大对整个经济的冲击。

过去几十年里，推动力已成为核心问题，不仅因为资本市场参与者已加强了对风险的防范并开始依赖针对公司的风险模型，也因为金融系统中的管理机构，如评级机构、银行监管机构均做出了错误的假设，他们假设市场有效，并相信金融市场的系统性风险可以通过更复杂的数学模型测量出来。近十年来，关于监管问题的普遍看法中有一个潜在的错误，他们认为风险计量模型可以发现并避免系统性风险。如果从微观经济实体的角度出发来加以分析，那么所得出的结论往往是与经济学原理相违背的，因为微观的风险计量模型并不能发现系统性风险，也正是出于这个原因，基于标准化方法的《巴塞尔协议I》在1988年达成，协议提出了对某些风险类资本金的固定百分比要求，比如对一个国家或者公司的贷款的比例等。《巴塞尔协议I》是第一个统一的国际资本要求原则，强制银行覆盖贷款和资本金。1993年，巴塞尔银行监管委员会在标准化方案提出后又提议了一个监管概念，以进一步发展这个方案，但银行部门抗议这一巨大的改变，最终在金融系统强大的游说下，委员会提出 1996 年巴塞尔协议修改框架中涉及范围广泛的公司风险模型，可以由银行自行修改，并由金融监管机构批准，这一提议的设想是希望将资本金要求与风险模型相匹配。《巴塞尔协议Ⅱ》提出：从实际来讲，各大主要银行应先根据自己贷款的风险评估自己使用的风险模型，再确定相应的资本金要求，此外，银行还可通过第三方评级，这样便提高了评级机构的重要程度。如果银行拒绝采用以上任何一种方式，资本金充足率要求就会很高，如果引入各个银行自身适用的风险模型则会降低之前协议约定的法定资本金要求量，这便是游说集团想要达到的目的，此外，作为金融市场冲击缓冲区的额外资金要求也降低了，比如，德意志银行和瑞士联合银行集团的比例已经从 20 世纪 90 年代初的 10% 降到近年来的 2% 至 3%。人们盲目地相信他们自己的风险模型，也帮助资本金率及资本回报率降到了低水平。

此时，资本市场的规范并无根本性的改变，因而这些市场乃至整个经济体的根本性改革是难以想象的。

第三章 经济失衡加剧全球动荡

1973 年，当布雷顿森林体系崩溃以后，浮动汇率制度开始在主要货币间广泛使用。在布雷德体系崩溃前的几年里，对于国际资本流动的监管就已开始放松。进入 20 世纪 70 年代后期直至 80 年代，国际资本流动的监管也只是发生了微小的变动。事实上，在发展中国家里，只有拉丁美洲的少数国家正式放开了其资本账户。直到 20 世纪 90 年代初，第二轮的监管放松才正式开始，经过十年时间，工业化发达国家和发展中国家均放松了对国际资本流动的管制。在此之前，那些支持浮动汇率和资本自由流动的人士就曾预测这种制度会被广泛采用。从理论上来看，这是因为，一方面，放松管制会使各国拥有更多的经济政策自主权；另一方面，全球储蓄资金也会以最高效的方式加以分配并流向最具生产力的领域。此外，资本自由流动也会帮助那些落后国家获得更多的投资，从而促进本国经济的发展。然而，实际情况却与此理论预测相悖，主要货币间的汇率开始出现剧烈的无规律波动。汇率不仅未能成为稳定世界经济的工具，反倒成为了破坏稳定的机制。由于贸易伙伴国的币值在短时间内出现大幅贬值，这使得那些原本富有竞争力且出口贸易较繁荣的国家，在不久后便面临了贸易困境，货币贬值的国家也出现了严重的通货膨胀和生活条件下降的问题，特别是对于那些小型经济体的国家更是如此。一国经济政策的制定也被迫受外汇市场的左右，而非根据国内的实际经济需求，尤其是对于发展中国家来说，持有外汇剧烈波动国家债的成本变得非常高，这使得几乎所有国家都开始尝试通过主导货币或一篮子货币来稳定汇率。关于长期不稳定贸易和经常项目失衡的情况可以避免的预测并未如期实现。图 3.1 描述了英国、美国、中国、日本和德国经常项目盈余占 GDP 比重的变化，由该图可以发现 20 世纪 90 年代里，各国间的经常项目余额差别并不大。进入 21 世纪后，这种比率开始演变至前所未有的高度。

在经济走向大萧条前，美国爆发了次贷危机，经济失衡达到峰值。2006 年美国经常账户赤字占 GDP 比重几近 6%。2008 年西班牙的账户赤字占 GDP 比重达到 10%。一些西欧国家如拉脱维亚，该比重竟高达 23%。与此相对，也有一些国家出现大量盈余，如 2007 年德国账户盈余占到 GDP 的 7.6%，日本为 4.8%，该比例最高的中国为 11.3%。次贷危机使贸易失衡更加明显，比如波罗的海三国的资本流入被迅速打断，结果使其经常账户赤字在次贷前降至为零，这种突然改变使得该国经济增长率下降了近两位数，而失业率却上升近三倍，波罗的海三国

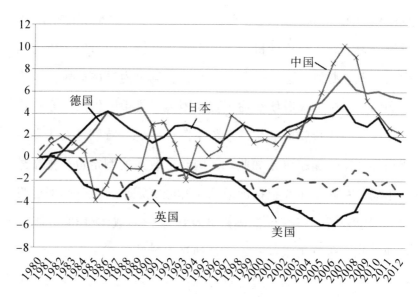

图 3.1　英国、美国、中国、日本和德国的经常账户盈余占 GDP 的百分比

是繁荣与萧条循环最为典型的国家。自 1970 年金融监管放松以来，大多国家均经历了类似的演变周期。欧洲货币联盟内经常账户表现为赤字的国家虽竭力降低了赤字，但其后果却使得这些国家陷入了长期的经济困境，而并非是提高了其竞争力，次贷危机只是减缓了那些主要盈余和赤字国家的失衡情况，并未带来彻底的全球经济失衡的调整。对于那些认为放松资本监管便能加快新兴市场和发展中国家经济发展的人来说，这些观点缺乏令人信服的证据，这是因为贫穷的国家会受到众多因素，如货币、金融和债务危机的冲击。约瑟夫·斯蒂格利茨（2004）就指出那些实行了资本自由流动国家的发展并没有比那些在这方面显得更谨慎的经济体发展得更快和更好。

第一节　国际资本流动是不稳定的根源

近年来，外汇市场的波动以及严重的全球经济失衡均源自于市场机制本身所出现的问题。传统的经济理论解释了浮动汇率如何将国际贸易失衡维持在可持续范围内，并使其他可能受影响的国家免受灾难，但事实上，对于资本自由流动的外汇市场，这一理论却并不适用。外汇市场的功能更像资本市场，其主要由预期来决定，比如德国投资者购买美国政府债券，并非出于两国间可能存在着的利率差（事实上，近年来两国利差非常低），而是因为他们预期未来美元对欧元的汇率会上涨，因此他们购买美元是因为他们相信美元未来会升值，而当他们觉得汇率会下降时，则会选择抛出美元。但是一个现实的问题却是现有的经济学中尚没有能够解释预期理论的模型，因此，浮动汇率体系下的币值同股票价格和房地产价格一样波动不定。准确来说，在缺乏监管的国际资本市场上，汇率是由国内利率水平、国际利率水平以及人们对汇率的预期三者共同决定的。以美元兑欧元汇率为例，假设其他条件均不变，美元利率上升便会导致欧元贬值，这是因为资本会追逐高收益从而流入美国。同理，如果欧元区利率上升，那么欧元就会升值，因为国际资本会流入欧元区国家。另外，如果人们对汇率的预期发生改变，也必然会立刻反映到汇率走势上。这类似于资本市场的传导机制：如果预期汇率将升值，那么资本便会流入相关国家，从而使汇率发生改变；如果人们对未来的经济稳定性持怀疑态度，那么资本便会流出，从而使币值被削弱。众所周知，在股票市场上要对公司的未来利润做出合理的假设，并据此对股价做出相对准确的预测是一件非常难的事。汇率市场更是如此，因为做出这样的判断并不亚于对一个国家整体的经济、政治环境及未来发展给予全面而又合理的评估。

　　新古典主义假设资本流动和汇率波动均是由经济基本面因素助推的，因为后者决定着人们对未来的预期。经济学中广泛应用的"理性预期"概念认为，在通常情况下，人们的判断会与经济模型的预期趋于一致（见第二章）。新古典模型中解释汇率最为著名的购买力平价理论认为，一篮子商品应当由一种共同货币来标价且在所有国家的价格须相同，否则价格较低的国家便会出现出口盈余，从而使得对该国的货币需求增加，进而引起该国汇率升值，最后致使价格重新回到平均线。根据该理论，汇率将随通货膨胀率而波动，如果欧盟的商品价格上升5%，而美国的商品价格却保持不变，那么欧元相对于美元便会立刻贬值5%。一旦个人得知欧元区商品将会涨价，他们便会预期欧元将会贬值，因此资本便会流出欧元区，流入美国，最终使欧元贬值成为现实。然而遗憾的是，购买力平价理论并不能完美地解释美元与欧元或者与其他货币间的所有汇率问题，如欧洲与美国的通货膨胀率差异非常小，但欧元与美元中期的汇率波动却达到了两位数的范围。在所有相关因素中，不管是通货膨胀率差异、经常账户余额的变动、生产率差异、GDP 增长率差异，还是不同的财政政策均不能充分的对汇率的波动做出全面的解释。多恩布施和法兰克（1988）找到了问题的关键，他们基于汇率变动做计量分析，发现绝大多数汇率的波动并不能由以上提到的基本面因素加以解释，因此，新古典理论在这一点上是存在着分析错误的。

与此相比，凯恩斯对汇率成因的解释更受认可，他强调预期的形成是一个社会化的过程，与历史环境、具体事件和各国国情密切相关。成功的经济体会竭力寻找相关的基本因素和变化规律，尽管事实上他们也无法准确预测未来。经济参与者竭力寻找汇率水平在未来的变化，往往会比较不同国家的经济增长及生产力发展的差异。但随着实证研究的进一步发展，经济参与者所面临的一个最棘手问题是如何寻找引起汇率波动的基础性决定数据，关于这一点，经济学家尚未达成一致意见。事实上，即便是考虑到所有这些因素和国家间的各种联系，我们也不能对世界主要货币间的汇率演变趋势做出明确的预测，我们需要明白，汇率预期的形成不仅依赖于狭义的经济发展，同时也与汇率发展趋势、政策调控与社会发展甚或是军事层面的因素密切相关。

如果经济主体意欲确定汇率决定的基本因素，就需要去全面研究一国的整体运行情况，并由此产生合理的长远预期，这是一项十分艰巨的任务，即使是最擅长这方面的专家，也很难做到这一点。到目前为止，已有的相关理论均假定经济主体会为了确定汇率水平去竭力搜寻与之相关的长期要素，然而事实上，外汇市场如同资本市场一样，其变化与长期发展趋势不甚相关，更容易受到短期预期的影响，并可能在一定程度上存在着产生极端投机行为的可能性。比如当欧洲的投机者预期美元在中期内会升值时，便会抛出欧元而买入美元，即使他们相信在长期内美元也存在着出现大幅贬值的可能性。因此，从中可以看出，注重短期买卖行为的投机者更在乎短期收益。而同资本市场泡沫形成的逻辑一样，短期内美元利率的提高会进一步加大人们对美元升值的预期，从而吸引更多的资本流入美国，引起美元出现新一轮的升值。另外，投资者中存在着明显的羊群效应，少数人的行为会引起其他投机者的跟风行为，直至出现一些不可预测的事件，使得这种汇率泡沫出现破裂可能性时，才会触发投资者进行反向操作。一些研究结果显示，买卖外汇的交易者更注重进行短时间的操作，而缺乏长期的预期，他们试图对市场中其他参与者在面对新信息时的反应做出快速评估，进而选择买入或卖出的操作方式。如果预期汇率会向一个方向发展，此时，计算机交易系统便会基于高频数据（如10秒的频率）发出"买入"指令，从而会引导汇率进一步在同一方向发生变动，此即为所谓的趋势跟踪系统。已有的模型基于汇率的历史走势和相关图表，可以预测出未来汇率的可能转折点和演进趋势。对于这种技术分析模式，目前的一些经济学理论是持有怀疑态度的，但事实上，我们也需要承认，在未来高度不确定的情况下，技术分析在一定程度上也具有其必要的参照性。对于外汇交易者而言，这些系统性投机利润实际上是有悖于理性预期和有效市场假说的。总体来说，浮动汇率体系对于经济整体运行是存在着不利影响的。这是因为：一方面，经济主体缺乏长期预期，而且即使有这样的预期，也表现得极不稳定；另外一方面，外汇市场中的许多参与者往往依赖于短期投机的计算机交易系统或神秘的技术分析来决定他们的交易策略，而并非根据对经济的长期预期来做出此决定。

　　浮动汇率体系无法对国际贸易和全球经济运行提供理性的架构，外汇市场的无序波动也会对其他经济体产生不良的影响。同时，对商品市场、劳动力市场以及资本市场等也具有不容忽视的影响，这是因为浮动汇率体系决定了商品和服务在各个国家间的相对价格。另外，这种体系也使得世界的信贷体系如购买彩票或玩俄罗斯轮盘赌般存在着极大的不确定性。目前看来，超过90%的国际贷款往往以美元、欧元、英镑、日元或瑞士法郎来结算，提供资金的债权人往往不愿意向发展中国家提供以该国货币为标的的贷款，这可能源自于这些国家的货币有着与生俱来的劣势。以外币作为结算工具的负债所存在的最大问题是当国内货币出现贬值时，便会大幅增加该国实际的外债负担，进而在这种高额负债和国内货币大幅贬值的背景下，国内金融体系便存在着出现崩溃的可能性。而对于那些承担着世界主要货币角色的币种而言，它们能够享有某种特权，并使得相应国家轻松获得以本币为基础的国外贷款。

关于此，美国就是一个很好的例证。美国作为世界上最大的资本净借贷大国，其外债就主要以美元计价。外汇市场存在着所谓繁荣与衰败的周期轮转，如果一个国家的经济预期良好，那么就会吸引国际资本涌入该国，从而使得该国货币不断升值。如果投资者预期货币会进一步升值，那么他们将更愿意投资该国或者向该国居民、企业贷款，这是因为他们预期目前的交易利润或投资房产在将来会更值钱。因此在这种情况下，一个国家可能在相当长一段时间内获得其他国家所提供的充足信贷，然而，长此以往则会减少这个国家所面临的发展机会，这是因为资本大量流入所引起的本币升值会减弱国内产业的国际竞争力，本国的消费者会更多地选择购买进口产品，而不是去购买相对昂贵的国内产品，从而便导致该国的进口不断增加，出口却不断萎缩。这种情况在 20 世纪 80 年代早期、90 年代后期以及 2000 年初的美国表现得较为明显。这些时期里，由于美元持续走强，美国企业和政府便从出口本国商品和服务中赚取了丰厚的利润，然而，由于国际投资者很乐意将他们的资本投入到美国，这便直接导致美元进一步强劲，同时由于商品出口价格不断提高，从而使得美国工业在全球市场上失去了竞争优势，也造成了美国在后续年份里绝大多数项目的经常性赤字。进入 2000 年后，一些中欧和东欧的国家也遭遇了同样的情况，因为投资者预期这些国家在未来会有更为繁荣的发展，因此便给予了这些国家大量的贷款，这种情况一直持续到次贷危机全面爆发才得以收敛。伴随着这些国家建筑市场以及国内消费市场的不断繁荣，其外部资产负债表对于贷款的需求也持续上涨，而这正是其他国家的投资者所期望看到的。而如果投资者意识到这些国家的币值即将下跌，那么他们便会竭力将自己所持有的该国货币转换成其他形式或者转换为币值更稳定的货币来保值，这些进程都是在趋势逆转的迫使下所进行的。

当企业和家庭经常背负外债时，货币的贬值便会导致他们的债务负担加重，结果便迫使公司缩减其投资计划，个人也不得不压缩其消费，国家也因此而陷入困境。由于外汇市场和国际资本流动受到预期的影响，因此当国家卷入这样的漩涡时，即使该国经济基本面还算可观，危机也很容易发生。比如1997年至1998年的亚洲金融危机，即使是像韩国这样有坚实基础的国家也因投资者预期的改变而受困，而像美国这样的大国，由于他们的外债都是以美元发行的，因此此类事件就几乎没有对其产生严重后果。但是新兴国家和发展中国家则深深地陷入危机之中，大量银行、企业和家庭甚至是政府濒临破产，这都是由外汇市场的预期改变所引起的，这些机构的外债都是以外币发行，而公司的销售收入、员工工资及税收等却以本国货币来计量，因此本币贬值便导致该国债务负担急剧加重，破产也就不可避免了。这个过程也被称为"双重危机"，即货币贬值破坏了国内金融系统，而投资者对国家经济增长信心的减弱和国内资本的外逃则更进一步加剧了这种贬值态势。双重危机发生于浮动汇率和固定汇率制度下，它们是由不稳定的资本流动所引起的，双重危机不仅在1998年的亚洲金融危机中出现，也在20

世纪90年代拉丁美洲"迷失的十年"中发生过,此外1994年的墨西哥、1998年的俄罗斯、2001年的阿根廷及许多其他事件中也有其踪影。

第二节　美国的霸权主义

美国经济以及美元的特殊地位在引起经常账户的巨额失衡中承担着重要的角色,在20世纪50年代至70年代的时间里,美国的经常账户相对平衡,进入20世纪80年代后,美国经济产生了第一次赤字,并在20世纪90年代后逐渐演变得更为严重(见图3.1)。

普遍规律是资本的净流入会增加经常账户发生赤字的可能性,如果净资本流入突降为零,那么赤字也会随即消失,这在20世纪80年代末期和90年代初期的美国表现得比较明显。自二战结束后,美国便逐渐充当了国际资本流入和流出的中枢。进入20世纪80年代后,大量的净资本流入美国,使其经济出现了相应的高额赤字,美国的国际头寸在过去的几十年里也开始逐渐恶化,从20世纪70年代近10%的净资产头寸发展到2000年末近20%的净负债头寸。之所以有大量净资本流入美国,主要是因为二战后美元充当了世界主要货币的角色,之后的布雷顿森林体系又赋予了它特殊的地位,这种惯性的延续再加上缺乏可替代美元的货币使得美元直至今日仍发挥着至关重要的作用。所有的央行外币储蓄中，近60%都是以美元存在。根据国际资本的监管条例，我们可预见世界上的任何个人、企业或者银行都相当愿意让自己的部分财富以美元的形式保值增值。然而，当国际资本流动的监管松动时，以这类形式存在的资本流动性便会加剧，这便会增加美国经常账户的赤字。在全球经济危机时期，大量资本会选择流入美国，这是因为在这个时期里，美国往往被认为是一个较为安全的避风港。更为荒谬的是在美国次贷危机的时期里，尽管美国是危机发生的根源地，但仍有大量资本从巴西、韩国等地流入美国。另外，政府部门的行为也对资本流入美国起到了引导作用，1997年亚洲金融危机后，许多发展中国家的中央银行（除了日本之外）开始干预外汇市场，以防范本国货币升值和产生经常账户赤字。如果对比2000年后美国经常账户赤字的总额及美国之外其他国家央行储蓄的增加额，再考虑到这些国家近60%的增加额都是以美元形式持有，那么美国在这个时期里近70%的经常项目赤字都是因央行干预而出现的，在这个时期里，美国近40%账户赤字的资金都来自中国人民银行，如果美国央行加以干预，则美国的赤字会大大缩减。在亚洲金融危机发生后，国际储蓄额的爆发式增加，尤其是那些将本国货币与美元挂钩国家的储蓄增加，使得国际投机行为频频发生，也引致世界经济返回到了原先布雷顿森林体系时的境况。一些国家将本币与美元挂钩，并竭力防范本币兑美元的汇率出现大幅波动，同时也不断推进本国经常账户的盈余，这些都使得美国被推到了高额赤字的状态，并成为了世界上资本需求的最大源头。在布雷顿森林体系崩溃后，很多人认为浮动汇率的新体系将是一个互利互惠的选择，这种体系应该会维持很多年，当然，它确实让一些国家实现了出口导向性的增长模式，也使美国从其被高估的币值中获得了丰厚的收益。然而至少对美国来说，浮动汇率体系并非如预期般好，它虽然提升了美国的实际消费，但同时也削弱了国内整体经济及就业率的增长。美国在1980年，尤其是2000年后，想实现长期稳定的产品需求增长变得非常之难，这是因为国内的高额赤字导致了本国结构性的国内产品低需求，也因此加剧了失业率增加的压力。疲软的内需结构主要源自两个方面：一是收入不均加剧了大多数贫穷国民对消费需求的进一步降低，二是高额赤字又进一步导致国内需求和收入水平持续降低。面对低迷的国内需求，美国政府面临着两种选择：要么接受失业率不断上升的现状，要么通过扩张性的货币政策和财政政策来平衡国内商品和服务内需不足的态势。根据美国的相关法规，美联储不仅需要保证物价的稳定，更需要维持合理的就业水平和利率的长期稳定。美联储确实在为实现这些目标不断地做出努力，通过将长期利率维持在较低的水平，加之刺激对外贸易的政策和国内收入的增加，开始使得国内需求出现了缓慢的增加。事实上，美联储在格林斯潘的主持下，正视了次贷危机并接受了资产证券化的兴起，美联储可以忍受房地产泡沫的发生以及与之相伴的大量信贷的扩张。

然而，追根究底，次贷危机的出现还是源自于政策层面的原因和监管的松懈，并由于国家和国际金融体系的内生机制而不断被放大。综合来看，以美国赤字为中心的全球经常账户失衡会产生多方面的危险：第一，近几十年来美国承担了全球资本需求引擎的作用，从而减轻了许多重商主义国家战略的负面影响，如果美国在未来无法继续完成这一功能，那么许多重商主义国家间便会产生冲突，从而使得世界经济更加不稳定。第二，作为世界经济需求引擎的美国，如果突然倒下势必会对全球经济造成极为不利的影响，这一情况在20世纪80年代后期有所表现，流入美国的资本突然出现断裂，美国的经常账户赤字突变为零。第三，巨大的经常账户赤字和很高的外债负担会对美元产生影响，但由于美国的外债主要受控于国内货币，所以这并不会导致美国像新兴国家一样出现债务危机。然而，债务的规模对美元的稳定和国际信誉会造成很大的威胁，因为国际投资的负净值会让美国经常账户出现利息支付困难和利润的转移，进而引起人们对美元未来走势的悲观预期。尽管美元的未来走势很难预计，但清楚的是美元不会再像20世纪50年代或者60年代那样占据绝对的主权地位。恢复布雷顿森林体系的假设并无支撑的依据，因为其相关制度并不符合国际关于汇率规定的相关条约，而且这也是一种为稳定美元汇率的私人权利联盟。欧元并没进入恢复后的布雷顿森林体系，如果美元崩溃，只有那些将外汇储备从美元换为欧元或者其他货币的央行才可以避免损失。因为恢复后的体系内有许多国家，当一些小的央行或者甚至是重要的央行开始减持美元时，卡特尔联盟便会瓦解。当然，恢复的体系也存在着再次瓦解的危险，并使世界汇率面临着不稳定的情况。国际货币体系未来最可能的发展趋势是走向无主导性的货币体系，如本杰明·科恩（2009）描述的，在不久的将来，美元仍然会发挥最重要的作用，日本在1990年至1991年房地产和股市泡沫后开始推进其的繁荣发展，中国的人民币在近期尚无法担当国际重要货币的角色，英镑和瑞士货币同样也无法扮演重要角色，所有的国家都太小，而无法担当领导的角色，这表明在下一个十年里，美元与欧元的竞争格局将会是世界货币体系的核心。长远来看，根据地缘政治权力结构的转变，更多的货币将很有可能接替国际货币的作用，人民币是最可能的候选者。也会有一部分货币选择与美元挂钩，尤其是在亚洲经济一体化加深的背景下，货币竞争的加剧会导致更多的不稳定，各国政府和中央银行可能会积极争取本国货币的国际领先地位。要达到这一目的的经济手段包括为财富拥有者的利益而设定的政策，以及政治和军事上的主导地位，但除这些政策以外，财团、银行、投资基金或养老基金公司也会在不同货币间展开竞争。如果一国的国际货币储蓄不能满足稳定物价或者符合经济政策的标准，那么资本就会流出该国并流向竞争对手国，货币间的激烈竞争导致了许多的不确定性，只有将货币置于贬值的险境中，才能更好地保护他们的财富。在这种情况下，资本拥有者必须时刻警惕，才不会错过将资本转为另一种货币的关键时点，因此，巨额资本的周期性转换是货币竞争的最大特点，美元与欧元（之前是德国马克）的汇率波动非常符合上述所描述的情景。在目前的一系列问题中，最为突出的是美元和欧元都不是最佳的储蓄货币，美元失去了外部的稳定性，经常账户赤字、高外债以及美国的 GDP、国际贸易、技术领先水平以及政治主导地位均在持续下降，这会削弱美元的地位。尽管欧元区与美国的经济规模相当，但欧元也有其深层次的尚未解决的内部问题，两个巨头间的竞争将会使国际资本流动面临着更多的不确定性。

第三节　中国的重商主义

进入 1978 年，伴随着政府的干预，中国开始逐步实施改革开放战略。中国的政策并未严格遵循国际货币组织的规定和华盛顿共识的条款，也这正因如此，才有了中国经济成功转型，比如国有银行的股份制改革几乎是在改革开放 20 年后才真正开始，这与苏联的经济转型形成了鲜明的对比，直至今天，中国的国有企业规模仍然很大。国有企业通过高度管控的国内金融体系获得融资，四大国有银行更是占据了国内资本市场的主导地位。1978 年至 2012 年间，私有企业通过利润再投资和从信贷市场中取得融资获得了繁荣的发展，中国的实际 GDP 平均增速达到了惊人的 10%，人均 GDP 增速也超过 8%。在过去的几十年里，中国成为了世界上最大的脱贫国。然而，在这些成就之外，中国的收入不均却达到了国际警戒线的水平，这与韩国、日本在其发展过程中将追求长期的高增长和收入公平相结合的做法完全不同。

中国原来所实施的全面资本管制条例，直至近年来才开始逐渐放松。资本管制的逻辑很简单，即除了外商直接投资（FDI）外，其他所有类型的资本流动都受到了限制，外商直接投资占资本流入的主导地位，外汇市场中的资本流出则受央行的直接干预。近十年来，中国外商直接投资的资本流出增加了许多。事实上，中国可以根据自身利益来管控资本流动，此外还可制定以国内需求为导向的相关货币政策。中国的发展由两大引擎驱动：第一是大量的投资，除了外商直接投资的资本流入外，主要靠国内的投资，这由高度监管下的金融体系提供相应的融资；第二，中国从未出现过严重的经常项目赤字，从 20 世纪 90 年代后期开始，中国的经常项目一直维持盈余，其盈余占 GDP 的比重从 2005 年的 5.9% 上升至 2007 年的峰值 10%，之后开始出现下降，到 2012 年降至低于 3% 的水平。中美之间存在着巨大的贸易失衡，这些经常账户盈余主要是出于政治动机并一定程度上说明了中国自 2000 年开始实施重商主义战略，并通过积累经常账户的盈余来刺激需求和增长。在 1994 年，人民币出现了贬值，此时中国将汇率与美元挂钩，使中国产品具有了国际竞争力，这一策略取得了很明显的成功。直至 2005 年，中国开始将人民币与一篮子货币挂钩，实行盯住汇率政策，这种措施使得人民币对美元的名义汇率在 2005 年至 2013 年间上升了近 30%。人民银行一直在对外汇市场进行干预以阻止或者减缓人民币的升值，2000 年后这种干预加强，中国成为了世界上最大的外汇储备国，到 2012 年底中国的美元储备达到近 3.3 万亿。事实上，20 世纪 90 年代末期，中国就已经积累了巨额的双盈余，一个是经常项目盈余，另外一个更为重要的则是资本项目盈余，由外国直接投资的资本和部分其他合法流入所得构成。如果没有央行的干预或者资本管制，中国便会出现巨大的经常项目赤字。2010 年后中国经常项目盈余占 GDP 的比重开始下降，反映出经济的衰退和西方贸易伙伴的低增长以及人民币升值的现状，这也减少了人民银行对外汇市场的干预。

为理解中国的政策，就需要知道在其他国家，国内金融市场的发展战略如果仅基于广泛的自由化和国际资本流动的放松管制，往往是会失败的。此外，1997 年至 1998 年的金融危机中，中国政府不得不眼睁睁地看着该地区的其他国家，虽经常账户赤字相当低，但也被拖入了全球金融市场的危机中。有此经历后，中国便会努力保护自己免受国际资本流动和高外债的危害，通过积累经常项目盈余，中国避免了向外国借款，所以能够走自己的路，从而独立于反复无常的外汇交易和国际投资。为实现这一战略目的，让人民币维持在较低水平就显得很重要。中国的出口盈余可以理解为以应对国际货币体系对发展中国家的功能失调而采取的防御措施，另外，更加稳定的世界金融体制也将使这种措施的效果变得更为缓和。然而，毋庸置疑，中国在 21 世纪初所出现的经常账户高盈余,如果放在其他国家则是极其有害于经济增长的,正如上面所提到的德国和日本的高盈余对各自经济体的危害一样,最终导致其他国家的总需求管理和世界经济增长不稳定的问题。当然,中国的战略中也有不合理之处,例如,当美元贬值时,人民银行所积累的货币储蓄财富也会缩水。我们支持发展中国家采用避免经常账户赤字的发展策略,并通过资本管制和央行干预来实现这个目标。此外像中国一样,将本币与实际主要货币或者一篮子货币的汇率挂钩也是明智的。但是,中国的经常项目盈余显然过多了,还有占 GDP 比重很高的出口也让中国的发展对世界经济特别是美国经济发展的依赖度很高,因为美国是中国对外出口的主要渠道。

我们建议可适度调整人民币汇率,并构建更平衡的国内需求来增加消费占 GDP 的比例。一个最好的解决方案是协调亚洲国家的汇率,因为许多亚洲国家都在寻求经常账户的高盈余。刺激中国的内需可以通过降低收入不均来实现。我们并不建议中国进一步放松对国际资本的管制和浮动汇率制度的选择,虽然高盈余对世界经济不利,但中国应该避免经常账户赤字和高额外债,国际资本监管和汇率管制保护了中国的增长,也促进了中国的成功,如果放弃这些重要的监管来获得理想中的自由市场就显得有点鼠目寸光了。

第四节 欧洲货币联盟的动荡性失衡

尽管欧洲作为一个整体对全球经济失衡的作用并不大，但从欧洲层面上来看，全球问题也有着自己的影子，这种问题的发展只有在对欧洲统一的历史加以了解后才能被理解。早在布雷顿森林体系崩溃之前，欧洲的政策制定者在应对反复无常的市场时，就并未准备允许本国货币出现极端的升值和贬值。自1973年以后，六个欧洲国家（比利时、丹麦、法国、德国、卢森堡和荷兰）就试图首先在"货币迂回"的框架下来保持汇率的小幅波动，其中以德国的马克作为基础货币。进入1979年，欧洲引入欧洲货币体系，这在实质上是一个小型的布雷顿森林体系，只是并没有在制度上确立主导型的货币。一直到1999年，欧元才作为欧洲统一货币替代了欧共体内各个国家的货币。

欧洲货币联盟内汇率风险的发生，导致各个参与国出现了大量经常账户盈余和赤字的积累。自欧洲货币联盟成立以后，德国从一个经常账户赤字的国家转变成了一个账户大量盈余的国家，与此相同的还有卢森堡、奥地利、芬兰和荷兰等国。

作为欧洲的最大经济体，德国的高盈余具有一定的代表性并反映出了一些特殊问题。欧盟其他国家的经常项目赤字在引入欧元后更为恶化，希腊、葡萄牙和西班牙的赤字尤其显得高，其经常账户赤字占 GDP 的百分比竟达到了两位数。赤字和盈余主要是发生在大萧条的前几年，而在全球经济失衡的情况下，这可以认为是由房地产市场的过度发展所引起的，比如西班牙、希腊和爱尔兰等。与全球经济失衡表现不同，这些失衡与欧元区的经济政策问题更相关，而非反复无常的国际金融市场。毫无疑问，欧洲货币联盟是第一个政治策划项目而非货币区域，它也可以被理解为应对全球经济不稳定和汇率极端波动的措施。

欧盟内的国家赤字和盈余隐藏着不同需求和成本的发展趋势。近年来西班牙、爱尔兰等国的需求是由国内消费和建筑业的繁荣来推动；德国的经济增长是基于强劲的出口发展和企业投资。名义工资和生产力决定的工资成本趋势也不相同。德国的工资成本在 1999 年到 2010 年只有小幅上升，在 2004 到 2006 年还略有下降。在意大利和西班牙却完全相反，成本快速上涨。而法国只稍微高于欧洲货币联盟的均值。总体而言，工资成本的变化程度差异巨大，在西班牙、葡萄牙、希腊和意大利，自欧洲货币联盟成立以来，他们的成本上涨了 20% 甚至是 30%，但在法国只有 15% 的涨幅。如果欧盟中某一国的工资上涨比其他成员国高，则意味着两点：一方面，国家会失去竞争力；另一方面，国内通货膨胀会加剧，非贸易商品和服务的生产成本就会转嫁到消费者身上。欧洲央行规定的统一名义利率对高通胀国家来说的实际利率更低，更低的实际利率让投资更具吸引力，因为这会对经济中外贸导向性部分产生影响，并抵消价格上的劣势，低利率是刺激房地产和建筑业的最优方式。如果价格上涨超过贷款利率，房地产的繁荣会进一步增强，那时，房地产投资的吸引力会导致投机者进入这个市场。在这种繁荣的情况下，一方面消费会加速上涨；另一方面可分配收入由于工资的上涨也增加了，财富拥有者也会因房价的上涨而感觉更富有。这种房产驱动的繁荣在欧盟一些国家中出现，使这些国家出现经常账户赤字。得益于风险规避的支持，欧盟内经常账户赤字可通过欧洲银行系统和资本市场获得融资，但这却并未考虑到赤字发生国家的宏观债务趋势，而且高额赤字也会使其他国家对这些国家的信任产生负面影响。因为自从房产市场繁荣以来，这些国家的证券价格上涨，欧盟其他国家愿意为这一繁荣的持续提供融资帮助，哪怕是在负债国入不敷出的时候。上述的房产繁荣在次贷危机后走到了终点。由于这些国家失去了大部分的竞争力，出口部门的疲弱加重了经济问题，让这些国家陷入深远的危机。建筑业重回正常水平，导致了失业，受影响的国家也不得不试图通过签订低于欧元区平均水平的工资协议来重获竞争力。这一时期，国家的通胀率低于欧盟的水平，实际利率高于欧盟均值，这些因素只会加剧房产市场的垮塌，而雪上加霜的是工资的低增长甚至工资水平的降低使得这些国家陷入通货紧缩的窘境。换言之，工资和价格的下降会对服务业、手工业及其他本国生产业产生负面影响。事实上，作为欧元区最大经济体和最低工资成本增长国，德国为欧盟设定了工资标准，这是由于其生产力发展并不比欧盟其他国家快，而主要是出于较低的工资增长率。如果德国的工资继续以目前状态增长，那些以前有较高工资成本的国家则会被迫大量减薪，以保持竞争力。希望通过提高生产力的发展来重获竞争优势只是一种幻想，而对于在欧盟失去竞争优势的国家中实行大规模减薪的可行性，对此需要持怀疑态度，因为工人和公会是反对减薪的。次贷危机爆发后，希腊、意大利、葡萄牙和西班牙面临着严峻的困境，但在德国和欧盟其他盈余的国家工资并未大幅上涨，他们有两种选择：一是提高竞争力，正是因为缺乏竞争优势，才导致经济和房地产增长停滞不前；二是通缩减薪，但这会增加一些企业和个人的债务负担。1930 年后，通缩导致了金融体系出现一系列的问题，由房产泡沫和通缩趋势引起的不良贷款和个人需求下降则导致了更深层的危机。

当次贷危机刚开始蔓延时，欧盟南部的成员国希望通过扩张的财政政策稳定本国的经济。财政政策的推行不仅使得政府预算赤字上升，而且也使得金融机构不得不承受高额成本来从政府那里获得救助。因此，这种财政政策尚未全面实施就被叫停，整个金融市场也开始对抗国家所推出的种种政策，同时，投资者也开始要求获得更高的风险补偿，从而使得政府陷入违约风险之中。2010 年希腊成为第一个陷入主权债务危机的国家，不得不向欧盟其他国家和国际货币基金申请援助。为开展救助，2010 年欧洲金融稳定委员会成立并给予了希腊 4 400 亿欧元的临时救助。继希腊之后，葡萄牙、爱尔兰、塞浦路斯也援求救助，其他国家如西班牙、意大利的压力也因需要减少预算赤字而增大。西班牙和爱尔兰的案例是值得借鉴的，因为这些国家在危机前看似有稳健的财务预算，直至 2007 年他们依然处于盈余状态。但在税收加剧、经济衰退成本上升和银行救助计划实行后，这些国家出现螺旋式下降，同时，风险溢价上升，公共债务负担增加。同一年，欧洲稳定机制建立，5 000 亿欧元的长久救助机制达成，为欧元区的成员国在金融危机时提供援助。欧洲稳定基金由于其资金规模远比欧盟中危机政府的债务小，万一欧盟中较大的成员国出现危机，基金还不够救助。此外，欧债危机中欧盟金融系统内的不良贷款仍然很高，在 GDP 增长缓慢或者倒退时甚至会增加。尤其是德国，他们拒绝给予主权债务国政府更多的重大援助，因为德国和其他稳定国家基于国家战略，拒绝为危机国家买单。欧洲金融稳定基金（EFSF）和欧洲金融稳定机制（ESM）提供援助的前提是，这些国家要严格执行削减预算赤字的政策，并实施基于市场激进思维建立的结构调整方案。

著名的华盛顿共识强迫负债累累的发展中国家重组经济，这也成为了欧盟危机国家的政策。西班牙、意大利还未向 EFSF 和 ESM 申请全面援助，这一误导性的稳定计划认为财政紧缩不会导致严重的经济衰退，结构性调整会立刻缓解市场压力，恢复经济。这一战略在之前许多发展中国家的实施并不成功，很明显，2012 年欧债危机将陷入第二轮衰退。欧债的经济和社会现状惨淡。在 2013 年初，欧盟的失业率达到 12%，西班牙和希腊达到了 26%。这些国家的青年失业率超过了 50%。而德国的失业率较低，只有 5.3%。德国在大萧条之后的复苏很迅速，但德国的经济发展仍大多依靠出口盈余，在欧债危机中盈余并未下降。德国依赖其特殊的经济结构，如汽车、机械和化工产品出口，可以用部分出口调整结构，向欧盟外的国家如中国、印度、巴西出口。当然，德国也会受欧债危机的影响，但与其他国家相比，影响很小。欧盟公共债务危机的临时解决方案是可行的，如果欧债央行保证欧盟内的财务预算融资，或者购买大量的国债，它便会承担最后贷款人的角色，同美国、英国和日本央行一样。事实上，在2012年危机再次升级的压力下，欧洲中央银行（ECB）主席马里奥·德拉吉宣布了无限债务购买计划，以此来缓解欧元区国家借款成本和主权债务危机。然而，这一承诺只适用于向ESM申请援助的国家，德国一直拒绝这一计划，但最后在欧盟新一轮的危机压力下妥协同意。欧盟需要的是一系列的财政刺激计划，如同欧洲范围内生态重构的基础建设项目。这样的计划必须由像德国一样的国家融资，才有财政上的操作空间。德国及其他经常账户盈余国也不得不刺激他们的经济，促进内需推动型增长，德国的出口导向及内需不足也是欧盟的负担。当然，有时欧洲南部国家的工资增长很高，但若在此时将错误归咎于欧盟南部国家，指责他们扭曲了市场则是具有误导性的。德国的工资和物价的涨幅和欧盟国应有的正常宏观增长相比显得过低，一方面导致德国高于均值的实际利率，另一方面加强了经常账户盈余的增长。德国的工资增长问题同西班牙、葡萄牙问题一样让欧盟头疼，过低的工资增长几乎把德国带到通缩的边缘，一是因为其重商主义的传统，倾向于高盈余的出口导向性发展，这背后也有利益集团的支持，如一些工会；二是德国劳动市场体制的腐化导致了低工资增长率（见第四章）。不管是否是蓄意战略，德国和其他余额较小的盈余国家实际上已在欧盟内发起了工资倾销，他们出口贸易的成绩导致了其他国家出口部门的失业。未来几年，德国和其他盈余国应该大力提高工资，并高于欧盟平均增长水平。

改革方案和政策上的困难都很明确，可行措施就是在欧盟水平上达成工资协调，制定制度。尤其是像德国等盈余国的政策制定者需通过强化工资议价体系来支持这一目标，比如设立最低法定工资标准、减少不稳定就业等。欧盟财政政策的集权化是有必要的，成立一个更强势的财政中心，如经济政府，将会增加欧洲国家内的赤字，因此为弥补这一点，欧洲议会的作用必须强化。如果美元采取这些改革措施，欧盟将会陷入深度恐惧之中，考虑到德国的工资增长更快，作为欧盟最大的经济体，德国也必须转变其野心勃勃的重商主义战略。

第四章 劳动力市场

　　这一章的目的是进一步了解工资的作用，不仅需要明晰它在我们日常生活中的重要性，更要从国家经济甚至是世界经济的角度来认识工资。了解工资的发展趋势对于理解过去二三十年的过失以及理解预见经济崩溃的原因具有基础性作用，为了全面理解工资的作用，我们将从以下几个方面展开：首先，将把工资放在学术探讨的背景下，同时尽量用通俗而不是过于学术的语言来加以描述。为此，我们需要将每一个试图说明世界经济的独有理论加以深入挖掘。其次，在市场自由化改革中，劳动力市场体制的腐朽让我们变得更为现实。理解经济危机日益倾向化的关键是理解过去几十年收入分配体系的明显变化，这一方面的发展与金融市场的过度发展紧密相连。本章最后，通过简短的案例分析，向我们展示了劳动力市场的具体影响力。

第一节　范式理论下的劳动力市场

　　进入 20 世纪 80 年代后，在金融市场监管放松的同时，市场自由改革也在进行。19 世纪成立的新古典主义理论一开始就认为过高的工资和死板的劳动力市场监管是导致失业的主要原因。二战后，凯恩斯主义思想盛行，一方面强调工资和就业的联系，另一方面从学术上将经济动荡归因于商品需求的不足，问题的解决有赖于货币政策和财政政策。长期来看，新古典主义理论的模型是有效且为劳动力市场所需要的，而短期内，对商品需求的不足则会导致凯恩斯主义理论的失效，所谓新古典主义理论的核心其实是由凯恩斯主义提出并保留的。

　　要理解劳动力市场在近年经济危机及资本主义中的作用，就有必要对劳动力市场进行更深的探讨。在 20 世纪 70 年代，新古典主义陷入了严重的窘境，此理论的主要问题在于它无法真正解决通胀问题。持续增长的通货膨胀率会导致失业率上涨，而在 20 世纪 70 年代，这远不是个问题，直至通胀率和失业率一同上涨，反而开创了货币主义的时代，其中最著名的代表，也是新古典主义的反对者米尔顿·弗里德曼。20 世纪 60 年代末期后，他在经济政策中的影响力日益上升。弗里德曼的观点是基于纯粹的新古典模型，这个模型中货币政策有责任维持价格的稳定，同时劳动市场的任务是保持高就业率。工资形成机制由公会和雇主协会主导，而非市场自由形成。区域内劳动供应和需求的不平衡、专业不匹配等造成了劳动市场动荡，这些被视为自然失业率的原因。规范劳动市场是应对失业的最有效方式，货币和财政政策并不适用，因为他们只会形成短期效果。国家预算一直在努力保持平衡，而中央银行应该保持货币供应的稳定增长。与政治影响力相比，弗里德曼在学术界的成功是短暂的，20世纪70年代，一个更激进的新古典主义理论开始发展并主导了学术讨论。罗伯特·卢卡斯，弗里德曼在芝加哥大学的学生，新古典学派最重要的创始人。这个学派也强调劳动市场在经济和就业中的核心作用，根据弗里德曼和卢卡斯的观点，每个家庭可提供一定的劳动时间，额外的收入效用抵消了额外工作对闲置时间的浪费。当一小时赚取的实际工资及一篮子商品价格上升时，家庭会提高劳动力供给。企业对劳动力的需求仍按照每个工人实际工资的生产率计算。假设每个工人每小时赚5千克玉米，资本家只会在他的产出率高于5千克玉米时才雇佣他，否则将无利可图。此外，他们还假设了每增加一名雇员会导致产量下降，这个逻辑分析的结果是只有降低实际工资才能提高劳动力需求。灵活的工资制度使供给与需求达到合理的平衡水平，在此模型中，失业是自愿并且可以消除的。新古典学派甚至认为，市场的调整很迅速，劳动力市场永远是平衡的。从理论意义上来说，这一方法成立于经济人假设的基础上，虽然听上去很复杂，但其实很简单。经济人假设的意思是通过观察每个家庭和企业的理性行为，直接推断宏观经济层面的结果。一些人认为理性分析行为会导致预期外的结果，这种观念已不起作用，举个简单的例子，如果剧院的某个观众站起来就会更清楚地看到舞台场景，但如果所有人都站起来则无法让每个人都能更清楚地看到。在这种情况下，理性的微观决策会导致更坏的结果，不幸的是，劳动市场中这种分析逻辑似乎很受欢迎。对一个小企业来说，低工资确实会增加它的竞争力，也会带来更高的就业率。但如果所有企业的工资都下降，情况则不尽相同。20世纪90年代新古典学派的兴起也带动了新凯恩斯主义的发展，后者认可了新古典学派的经济人假说观点，但它推断，在微观经济学层面，这会导致工资刚性和失业的可能性。这再一次为有效的货币和财政政策提供了空间，虽然新凯恩斯主义认为失业的根本性问题在于劳动市场的机制，比如所谓的有效工资模型让工人有了闲暇时间。即使公司提高了工资，但如果工人冒着被开除和处罚的风险工作，反而会放弃此公司的高工资。如果所有公司的情况符合这一逻辑，工资过高和失业率上升就会接踵而至。另举一例，所谓的局内人—局外人问题，公会作为局内人，组织工人获得高工资，甚至让工资过高出现局外人。通过工资谈判机制确定的固定工资无法被局外人否定，或者下降。由于传统古典主义和现代观点都认为公会、最低工资和福利国家的兴起并非好事，因为失业率的问题让工资很难下降，也很难鼓励每个家庭为了社会福利而工作。所谓的稳定市场机制，被视为一个了不起的社会福利与和谐的生成器，应该大力推行。在市场自由主义观点看来，放松监管会振兴经济并给就业带来积极作用。所以大多数传统新古典主义甚至新凯恩斯主义的经济学家和经济顾问都推行通过劳动市场监管放松和减薪来应对失业。即使是劳工友好型政府如施罗德带领的德国社会民主党也基于此观点制定政策。不管你是什么学派，凯恩斯看问题的视角是完全不同的。他 1936 年的著作《就业、利率和货币通论》是在 20 世纪 30 年代国际金融危机的阴影下完成的。凯恩斯将劳动市场置于商品市场总需求的背景下解释，商品需求是决定产量、就业率和失业率的主要因素。凯恩斯认为劳动市场处于市场层次的最底层，并且由资产市场和商品市场主导。投资需求由资产市场的利率水平和企业的期望决定，虽然消费需求也由资产市场的发展决定，例如借款成本、股价和房价的变动。如果经济体系没有满负荷运行，失业率上升，则投资、消费需求和国内外需求便决定了产量，并进而影响就业。通常来讲，资本主义的动力取决于货币的推动力（企业用于生产和购买投资产品、中间产品和劳动力的资金等），这可以用卡尔·马克思和凯恩斯都认可的资本总公式解释，虽然凯恩斯的许多观点与马克思并不一致。资金的作用是为了促进产能和劳动力，以提高产品的产量和销售。销售收入必须比投入的资金高，因为只有维持利润的生意才有意义。生产流程不仅通过自有资金融资，信贷也在生产目标的实现、初始投资额方面扮演了重要的角色。凯恩斯（1936）谈到了"企业"和"动物本性"，熊彼特（1926）提到了"企业家精神"，其中的要点是：从经济学层面无法严格解释公司的投资决策，它们还取决于将来的期望，毋庸置疑，"企业家精神"对产品需求的预期显得至关重要，但这却无法准确预测，因此投资环境便显得很重要。投资不足的问题可能是由于一些其他原因，比如当公司无法获得融资来源时。因此，贷款的获得和融资成本在增长过程中发挥着关键作用，金融机构和富裕的家庭也将他们的决策基于并不坚固的基础预期。例如，当金融系统中断，公司无法获得足够的资金时，增长率和就业率就会走低，通常当公司做出负面预期时这种情况就会发生，它们也不会为投资寻找贷款资金，所以投资的波动性很大。实证表明，自资本主义产生以来，代表经济活力的投资活动、增长率和就业率持续上升或下降时，这种现象便会被证实。最后央行还可以通过紧缩的货币政策减少投资于生产和增加收入的活动，许多情况下，央行会通过提高利率来抗击通货膨胀以减少投资活动。这只是以上提到的限制生产和收入的因素之一，但不是对劳动力和生产资料的供应。在资本主义经济中，生产力的提高伴随着相对稳定的路线，以及科技和管理能力的提升。显然，这是对额外利润的追求，同时推动了市场经济中各主体创新力的发展，不能参与到这个过程中的公司就面临着破产。卡尔·马克思、熊彼特和凯恩斯等许多经济学家都强调了资本主义经济的这种威力。对劳动力的需求取决于产量及生产率的进步水平，当产量持续增长的动力强过生产率的提升时，中期的就业率就会上升。当经济中的产量提高5%时，生产率会提高2%，就业率会提升3%。当更多的人需要工作，而经济和生产率增长决定的劳动需求不足时，失业产生了。所以，虽然新古典主义模型希望让我们相信，但劳动力需求并不直接取决于工资。劳动力供给取决于人口的增长和劳动市场的参与程度。在解释劳动力供给时，工资只发挥了从属作用。如果产量的增长长期滞后于生产率的提高，劳动市场就会出现问题。

以上分析在于证明工资不能直接决定就业，但是它却是反映经济中价格水平的重要因素。凯恩斯指出工资是通过国际货币谈判形成的，美国以美元计周薪、英国以英镑计周薪，他们并没有用一篮子货币决定工资，在封闭经济假设中，工资成本以本国货币计价，并以此决定了一国的价格水平。凯恩斯在他的《货币论》中发展了这一理论，这本书在 1930 年出版，对凯恩斯来说，此书与《就业、利息与货币通论》一样重要。价格水平主要由生产成本决定，在封闭经济体中，单位工资是成本的重要组成部分，并在名义上决定了价格水平。如果它上升，价格水平就上升，如果它下降，则发生通缩。单位工资成本由两部分组成：一方面是货币工资，其上涨会导致单位工资成本的增加；另一方面是劳动生产率，生产率的提高会降低工资成本。图 4.1 描述了一些国家单位工资的变化。1995 年后的德国工资成本增加缓慢。美国和英国的单位工资成本在 20 世纪 70 年代大幅增加，但在 20 世纪 90 年代和 2000 年之后保持相对稳定。日本的情况显示：单位工资成本也有下降的时候。实证显示，单位工资成本与价格水平的变化间的联系紧密且稳定。在宏观经济中，生产力发展是名义工资增长的标尺，但如果名义工资的增长只与宏观经济生产率相关，这样，通胀率增加时，名义工资也随之增加，从而使得最终的实际通胀率降至零。然而，零值通胀率不仅过低且对经济运行也很危险，因此不被中央银行所接受，负面的需求冲击、货币升值或在这种情况下的其他影响将会迅速使经济陷入通缩。据工资的发展而言，这意味着工资标准会更受青睐，所以中期宏观经济生产率的进步与央行的目标通胀率会主导名义工资水平的增长。这样工资将完全与低通胀下物价的稳定相一致，货币政策也没有太多的负担。为了让长期的就业率充分，包括工会和企业协会在内的劳动市场机构在工资议价时，要将宏观经济发展考虑在内，这是前提。如果高就业率导致工资性通胀，央行迟早会通过货币政策来阻止通胀的发展，并抗击引起失业率的稳定性危机。如果名义工资陷入通缩，将带来负面结果，图 4.1 显示了从宏观经济角度来看，德国在 20 世纪 90 年代中期至今日的工资增长一直很低，同一时期的日本却完全失调。然而，尽管在决定价格水平时工资很重要，但其他因素也发挥了作用。比如，人宗商品或增值税的上涨导致价格水平的上涨，外汇的波动影响进口商品的价格，让一国的成本升高或降低，从而影响价格。尤其是有着高进口配额的小国家，外汇成为工资成本以外影响价格水平的第二大因素。常见的价格水平的成本组成部分是通过"价格与价格影响"的方法测量的。所以，即使没有多余的商品，市场需求增加所引致的生产成本增加也会导致价格水平的上涨。最后，商品市场供给与需求的不平衡也会对价格水平产生影响，并引起需求通胀或通缩。在范式理论下对劳动力的简要分析显示每个人对劳动力的理解都是不同的，所有的经济理论中劳动力都是重要的因素，在一些模型中尤为重要，比如凯恩斯理论的学说。

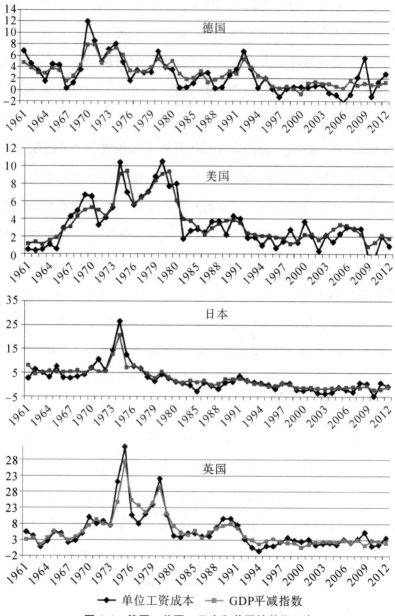

图 4.1　德国、美国、日本和英国的单位工资
成本及 GDP 平减指数（同比的百分比变化）

第二节 劳动市场制度的衰落

20 世纪 70 年代，经济合作与发展组织国家中上升的失业率和通货膨胀率让新古典主义胜出，20 世纪 50 年代和 60 年代占主导地位的新古典综合派未能解释同时持续增长的通胀率和失业率，凯恩斯却轻而易举地解释了这一滞胀现象。资金在生产过程中的推动力过低，因而 GDP 增长率太低而无法提供就业，同时增加的成本（20 世纪 70 年代，尤其是工资和油价）导致了成本推动型通胀。新古典主义理论的支持者主张通过劳动市场的监管放松来应对失业问题，这个使劳动力市场更灵活的改革无疑是明确果断的，大多数经济学家也一直推崇灵活市场的优势。在推进这一理论的过程中，保守党的政治利益发挥了重要作用，而工会和工人保护势力一直是他们的眼中钉。企业的权利关系重构后，员工就不得不被动地接受管理决策。在政治上，撒切尔夫人和里根的选举胜利之后，劳动市场政策发生了决定性突破。20 世纪 80 年代，这两个国家出台了明显的针对工会的支持劳动市场放松管制政策。比如在英国，1984 年到 1985 年发生了一次持续一年的矿工罢工事件，最终矿工们被打败，为工会的立法改革铺平了道路。不久后许多西方国家跟随了美国和英国的步伐，甚至一些社会民主国家也这样选择。最终，只有少数北欧国家仍然希望20世纪70年代积累的劳动市场问题可以不通过放松管制解决。经济的发展日益加大了对员工的压力，削弱了工会的力量，大多数经济合作与发展组织国家的失业率上升。在2000年至2008年间，德国的失业率从20世纪60年代的1%上升至将近9%，值得注意的是暂时受失业率影响的就业人口比例比失业率更高。保守主义革命带来的全球化模式对经济产生了恒定的冲击，汇率的波动一夜间改变了整个经济的竞争力。此外，新兴进口导向型国家参与了劳动市场的国际化分工，并占有自己的市场。这不仅包括中国，还有苏联、印度和越南等国家，虽然在冲击发展的过程中他们自身没有错误，但在许多国家全行业都失去了竞争力。重组和并购让企业的重构、跨国企业在全球供应链的变化变得更为重要。越来越多发达国家的技术产业就业岗位减少，此外，过去十年技术的变化让制造业中那些缺乏技术含量的工作岗位有所减少。原先那些支付高工资或面临强势工会胁迫的企业便会降低工资，从而通过外包的途径使得工人的工作不再那么稳定。同时企业也可从无工会监管状态中套利，全球市场自由化的结果是给工人施加更大的压力而不得不接受减薪和不稳定，也只有这样才能使那些前景并不乐观的企业拥有更多的生存机会。产地的搬迁或其他威胁让工人被迫接受让步。许多国家劳动市场的监管放松进程因为社会保障体系的解体而加剧，高失业率、没有社会保障的就业机会以及众多国家的人口发展让社会保障体系压力日益加剧。20世纪70年代后另一重要发展是许多国家的工资谈判从中央转移到企业层面，企业层面的工资谈判让工会势力减弱，不得不接受所有的特殊条款。企业中的谈判代表是管理层与雇员，他们都受企业管理的约束，企业的工会也有和管理层共同实现战略目标的倾向，并通过缩减工资和提高灵活度让企业更具竞争优势。微观经济层面工资的下降可能导致宏观经济的紧缩，这会让企业的情况变得更糟。

当然，也有例外，比如葡萄牙和西班牙的工资谈判从公司转移到了行业层面。值得注意的是这种转移不会让工资自动达成协议，个体行业的工资变化可以完全反映这些行业的具体情况或导致不利的整体工资变化趋势。越来越多有着工会的生产企业从工业化国家迁移至世界其他地区，工会发展程度不高的企业（如服务业）在工业化国家得到了更多的重视。在许多国家，工会遭遇了严重的声誉问题，即便是在左翼运动中，它也被视作来自远古时代的恐龙。这一趋势导致工会成员减少，特别是在美国、英国、日本、法国、荷兰和德国，但这也是一个无法避免的趋势。比利时、丹麦和芬兰等国家保持了工会的稳定和发展，一些企业主也意识到自己的地位在一些国家受到撼动。在大多数工业化国家中存在着就业不稳定的特点，比如有固定期限的合同、劳动派遣、低就业保障和没有社会保障的工作等，虽然这一趋势也发生在高工资领域比如高校和研究机构等，但大多数集中在低工资的领域。总体来说，生活和工作条件已变得更不稳定，大部分人也因高失业率和劳动市场监管的放松而陷入困境。

第三节　加剧上升的不平等

　　过去几十年中，自由市场全球化进程中最显著的特点是：收入分配体系发生了重大改变。由于日益不平等的收入分配制度、资产分配体系和机会不公平，使得资本主义从得体走向了近乎残酷，接着便出现了各个层面的改革。如果从所谓的功能性收入分配开始谈起，那么，几乎所有国家的工资占比均在明显下降，"工资占比"一词指的是工资占总收入的比例。同20世纪70年代相比，奥地利、芬兰、法国、德国、英国、希腊、爱尔兰、意大利、日本和西班牙的工资占比大幅下降。这一趋势可以被解释为主要是因为金融部门影响力加大，它可以实现更高的利润。在这方面，利率应被视为最低利润率，因为从长期来看，没有公司愿意接受利润率低于利率。但下降的工资占比除了归咎于高利率，另一机制也正在起作用：如投行、退休基金、对冲基金和私募基金等机构投资者加大了让企业实现更高回报率的压力。愿意承担风险的金融机构的比例有所增长，金融业和整体经济对回报率的需求也增加了。股东价值理论的推广导致了金融体系的改变，也促成了管理层为了所有者权益在尽量短的时间内产生更高回报的趋势。商品市场的垄断程度也值得关注。因为寡头垄断和垄断市场的利润率比有许多供应商的市场的利润率更高，所以过去几十年里跨国公司的重要性增加了许多。虽然全球化增加了产品的市场竞争压力，也在一定程度上减缓了全球化进程，但与金融行业的变化相比，我们认为这个因素是次要的。

下面我们一起讨论工资差异。许多国家依靠低工资部门解决就业问题，或者被动地允许这些部门的发展。因此，法定最低工资不是用来防止低工资行业的发展，强势的工会总是在阻止着低工资行业的发展。然而正如上述提到的，许多国家的工会失去了议价能力。最明显的工资差异出现在美国，其次是加拿大、英国和爱尔兰，迄今为止最小的工资差异出现在北欧国家，如奥地利、法国、德国及西班牙，而日本处于中间位置。多数经济合作与发展组织国家的工资结构不平等明显增加，与20世纪90年代中期的发展相比出现了三种情况：在崩溃阶段，不是降薪而是低工资部门的扩张，德国就是过度发展低工资部门的极端例子。在上升阶段，高收入者的工资升级，加拿大、德国、英国、爱尔兰和美国在20世纪90年代就是这种情况。同时也要强调盎格鲁—撒克逊模式的国家的低工资部门在20世纪80年代也迅速扩张，这一趋势在20世纪90年代因国家增加最低工资的政策而停止。相比之下，一些国家可以减少工资差异，西班牙就是最成功的例子，法国在此方面也做得很出色。

主流经济学家认为工资差异取决于工人的边际生产率，低技术含量的工作主要集中在中国和其他发展中国家，他们可以降低对低技术含量工作的需求，并减少他们的相对工资。技术的变革和没有技能的人对教育投资的欠缺加剧了这一趋势，我们认为劳动法、法定最低工资、工人组织和一些部门工会的缺失等可以解释工资差异。当然，市场规律也影响了不同工人组织的议价力，比如非技术工人超出平均水平的失业率削弱了这个群体的相对实力，几乎所有国家的专家和技术工人都赚得比非技术工人多。另外由于边际生产率甚至没有有效的定义，所以无法定义工资差异，其中一些定义使得某一类雇员很容易被纳入工资差异的分析中。比如与男性做同样工作的女性通常赚得更少，这是一直以来所被默认的规律，与不同劳动力的边际生产率大小并无关系。国家同样会干涉个人收入分配，通过社会保障体系、税收和国家支出实现。过去几十年间，许多国家的政府采取了给予高收入群体特权的政策。在 2000 年末期，西欧国家，如奥地利、比利时、荷兰和法国的收入分配相对公平。在工业化国家中，就可支配家庭收入而言，美国是最失衡的，但像加拿大、英国、希腊、爱尔兰、意大利、葡萄牙和西班牙这些国家的不公平也相对显著。德国处于中间，是经济合作与发展组织国家的平均水平。对比 20 世纪 80 年代中期和 2000 年末期的发展，很多国家的可支配收入分配体系更加不公平，特别是那些经济主导型国家，但是一些国家在家庭可支配收入分配上减少了不公平，如比利时、法国、希腊、爱尔兰和西班牙。

将收入分配和 GDP 增长简单相比，可以发现收入分配体系公平的国家在经济上表现并不差；相反，他们享有高增长率和低失业率。这正符合西欧国家的情况。加剧收入分配不公平的政策无法带来经济的高增长和就业机会，在增长和公平的收入分配间甚至有正相关关系。因为低收入的家庭比高收入家庭消费得更少，收入分配更公平的国家有更高的消费倾向，因而带来了更高更稳定的增长。然而在 2000 年到 2008 年间，收入分配不公的国家也经历了高速的增长，如英国、西班牙和美国。但这三个国家的增长得益于信贷的快速扩张，尤其是房地产的发展，这也为次贷危机的爆发埋下了不稳定的根基。

第四节　美国、德国和中国的局势

美国

美国不需要改变基本法律就可对国内的劳动市场放松监管，因为他们的监管从未像欧洲大陆一样严格。在 20 世纪 50 年代和 60 年代，美国对工人的保护来自于较强势的工会，他们制定了关键行业的工资基本标准，进一步影响了整个经济。那一时期的美国遵循着所谓的底特律条约的谈判模式，这个条约可追溯至二战后美国汽车工人联盟和三大汽车制造商之间的谈判。它确定了稳定的中期工资增长与生产率提高，广义的健康、失业和养老保险、休假时间等挂钩的机制。这一协议成为其他行业的模板，汽车行业的工资和其他谈判条款几乎成为所有其他行业的基准，并确保了美国所有地区和行业的公平工资体制。此外，工资谈判得到了积极的最低法定工资政策的支持。20世纪80年代发生了巨大的改变，10%最穷的雇员在80年代初不得不接受苛刻的减薪，直到90年代的繁荣时期才让他们恢复了之前的小时工资制，2000年后工资的改革又让这一群体陷入了贫困。50%的雇员不得不接受经济停滞，从20世纪70年代末期到90年代中期，实际工资持续下降，之后他们的实际工资才上涨了10%，接着便是现今的停滞。在20世纪30年代到70年代，前1%的收入者占据了大概10%的国民收入，这个比例在2005年时上升至18%（不计资本利得），若算入资本利得，则达到23%，大萧条加剧了收入的不平等。美国收入不公平的一个重要因素是工会的弱势。工会成员从1980年22.3%的劳动力下降至2007年的11.6%，而私营部门的下降比例更大。里根总统采取了对工会保守的基本政策是保守党改革的重要部分。1981年8月航空交通管制员为了更好的工作环境和更高的工资举行了罢工，在最后通牒之后，所有参与罢工的航空交通管制员被解雇，工会领导者锒铛入狱，工会被解散。20世纪80年代，美国其他行业的罢工最后的结果都与此类似。在同一时期，所谓的底特律条例失效，美国实行保守改革后备受折磨的工人认为自己的工作受到持续的威胁，生活也不稳定。在同一时期，高技能工人和管理人员的工资却大幅上涨。高层管理人员，尤其是金融系统人员、运动和影视明星的薪酬爆发式增长。所有的因素加剧了工资差异的收入分配的不公平。在保守派改革后，最低工资政策被取消以防止低工资部门的扩张。2006年联邦法定最低工资标准从 1979 年的 7.5 美元下降至 5 美元。20 世纪 90 年代和 2000 年后的联邦实际最低绝对工资与 20 世纪 60 年代相比下降了近三分之二。2007 年，联邦最低工资标准提高到 7.25 美元，并持续到 2013 年。生活水平只能通过增加个人负债保持。这里我们看到了激进的市场全球化从收入不公平到不持久的消费信贷扩张的联系。

德国

现在转到分析德国的劳动市场，我们必须区分二战后建立的并沿用到 20 世纪 90 年代的工资旧模型和之后的新模型。在旧模型中，工资谈判会将工资变化对宏观经济的影响考虑在内，并有高度协调性。从传统的角度来说，工资年薪制起始于德国的金属工业中心巴登—符腾堡州。在 20 世纪 50 年代初期，生产率导向的加薪政策成为了稳定宏观经济工资趋势的指引，工资谈判也因为保持德国企业的国际竞争力而受到重要影响。巴登—符腾堡州的谈判结果多多少少被德国全金属工业采纳了，其他行业也只是做了微小修改。因此，德国像美国一样通过模式化的谈判达成协议，但是更具协商性。在北欧国家，德国没有法定最低工资标准，但却有强势的工会组织和工资谈判机制以防止工资被定得过低。在 20 世纪 90 年代的发展中，传统工资谈判模型失效，双重工资制度在德国发展起来。实行新体系的一大原因是金属工业的基准对全行业的影响力丧失。旧系统的崩溃带来了两股浪潮。第一是在 1990 年发现西德的工资设定机制不适用于东德时，开始了重新统一，统一后东德的工会密度快速下降，甚至比在工资谈判进程下的情况还糟，企业协会也无法组织足够的公司成员。在一些国家如法国，企业协会的缺失可以通过政府宣布工资谈判的结果，并对行业内所有公司都采取适用的方式补偿，但在德国这一方式并未被采纳。在重新统一后，在一些行业中即使是谈判工资也开始上涨，尤其是服务业的工资在西欧和东欧都很低。第二是社会民主党领袖施罗德总理实施的劳动市场改革未能通过引入法定最低工资或加强工会、工资谈判进程等手段填补制度的差距。而反面情况发生了——劳动市场出现了自由市场化的改革路线。在其他方面，2000年初期失业福利的权利被削减，长期失业福利和社会救助被合并为同一项，并且申请救助须接受经济状况调查，要求失业者接受工作的要求更加严格。在金属工业、化学工业和公共部门领域，旧的工资谈判系统仍然适用，但企业对修改条例给予了更多的自由度。此外，一些独立的小规模工会和特殊专业如飞行员、医生或者火车司机可以获得高于平均水平的工资增长。整改后的传统工资部门的薪酬增长仍然很低，如上述提到的，所有行业的标准效应已失效。1998年西德76%的雇员被团体协议覆盖，2010年这一比例降至63%。在东德，覆盖面从1998年的63%下降至2010年的50%。由于法定最低工资制度不再存在，工资开始下降至很低的社会救助水平。1995年至2006年间实际小时工资最低的季度下降了13.7%，并不得不面对下一季度3.2%的下降幅度。总体而言，所有工人的实际时薪提高了 0.2%。德国的工资结构差异越来越大，同时不稳定的工作（临时工、兼职等）开始增加，导致生产流程的外包。因此德国消费需求的停滞也不会让人惊奇。德国的低工资增长对欧盟来说是不幸的，因为他们给予了德国比欧盟其他国家更多的竞争优势。欧盟成员国即使将加薪与经济发展需求相结合，也面临着来自德国工资成本优势的巨大竞争压力。

中国

在中国的劳动市场，仅在 20 世纪 70 年代末期实施改革后市场机制才开始发挥作用，自那以后，大量的管制放松和不透明的劳动市场开始发展。工会虽然存在但他们并不具有工资谈判能力，管理层和工会之间可以协商，但工会却并没有罢工的权利，行业的工资谈判体制也并不存在，工资谈判制度的缺失可能会导致中国工资的畸形发展。中国的经济可分为正式和非正式两个部分。前者中有政府雇员、国有企业雇员、合资或外资企业以及中型私人企业雇员，后者则主要是指小企业，他们通常并没有工会甚至也没有纸质的个人劳动合同。许多情况下这一部分的劳动市场属于"曼联"类型，不仅工作条件很差、而且工资也很低。在正式部分，企业也给没有技术的岗位付很低的工资，通常也不签订劳动合同。在两个部分都找得到来自农村的农民工。由于企业层面的集体协商机制未成立，个人劳动合同发挥了主导作用，因此会产生很高的交易成本。比如，当竞争对手公司提供更高工资时，有技能的工人可能会马上离开现在的公司。所以企业不得不时刻关注不确定的市场变化，并防止人才流失，而不是保持和发展合格的人员。政府有法定最低工资标准，但是很低。中央政府给出了最低工资标准的发展建议，但最后是省级部门决定最低工资标准。最低工资标准给包括正式和非正式的低收入部门提供了基准，这也是中国最主要的关于工资发展的政策。中国的工资差异很大并不惊奇，这里存在着大量的低收入部门，比如个体经营户，同时合格的雇员可以享受工资的大幅提高。名义与实际工资的平均增长率总体上与宏观经济需求一致，但在平均水平背后隐藏了完全不同的工资发展制度。工资差异可以被认为是导致中国收入分配不公的一个重要原因。2000年初期开始，中国政府给予了工会新的和更重要的角色：监督企业是否遵守劳动法并在企业层面进行工资谈判。但因为工会没有罢工的权利，许多工会领导与管理层的利益一致，却无法充分考虑员工的利益。所以几乎没发生官方工会组织的罢工或动荡，给予工会更多的权利、让工人发声、使工会成为独立的政治力量对中国来说是个挑战。中国的劳动市场体制问题有几方面的原因：第一，工资的增长没有稳定的基础，并遵循微观经济驱动的逻辑。当出现技术工短缺时，工资立刻上涨并带来潜在的通货膨胀；在经济萧条时期，工资很快下降，导致滞胀。比如在20世纪90年代初期，中国经历了超过20%的通货膨胀和工资的螺旋上升；在1997年亚洲金融危机后的GDP增速放缓时，中国陷入了几年的轻度通货紧缩和低工资增长率。第二，工会没有罢工的可能引致了较高的工资差异和低收入者对社会保障体系的依赖，这也是国内消费需求相对较低的原因，因此也迫使中国通过增加高额经常账户盈余来保持较高的 GDP 增速。第三，企业联盟力量微弱或者根本不存在，也没有可以代表企业利益的组织，因此同美国一样，企业缺乏动力去组织职业培训或通过其他方式来提高工资水平。

第五章　危机的下一个阶段

第一节　从私人债务到主权债务

　　全球经济形势已得到了很大的改善。在雷曼兄弟破产后几个月内，银行间货币市场冻结，全球贸易量也急剧下降，一些观察员警示美国的次贷危机可能发展到如20世纪30年代大萧条的态势。尽管已经过2009年至2010年的短期恢复，但危机仍远未结束。另外欧元区面临着另一类危机：主权债务危机。2010年至2012年，许多欧元区国家的政府债券利率上升，迫使他们向国际货币基金申请贷款援助，并形成了一些新的救助机制如欧洲金融稳定基金和欧洲稳定机制，也让他们必须接受严格的紧缩政策。残酷的紧缩政策已使许多南欧国家以及爱尔兰陷入深度衰退，但这却这丝毫没有解决政府债务的问题。社会的反应是激烈并有压力的。西班牙的失业率已接近 30%，青年中的二分之一处于失业状态且并没有改善的迹象。在美国，紧缩也成为趋势，自 2012 年底以来，共和党和民主党一直在争论自动削减开支和潜在加税的问题。总体而言，紧缩政策意味着即使在工业化国家，银行的所有问题能够迅速解决，在未来一段时期内经济也将维持低增长和高失业率。

2008 年的金融危机是主权债务危机的起源，主权债务危机让注意力从金融部门的监管转向对政府经济角色的削弱。此外，政府也正在削弱自己在一些必要领域的影响力，如对教育的投资、基础设施建设、研究、总需求的发展等，以起到稳定的作用。为理解发生的事情，我们先来看看政府债务危机是如何蔓延全欧洲的。一切源于希腊政府承认对最新预算数据的造假。根据最新统计，希腊公共部门债务比之前预期的高，尽管弥补措施不算天方夜谭，但也足以引起投资者对希腊政府预算情况的关注。2013 年的预算赤字超过 GDP 的 13%、公共债务与 GDP 的比重达到 120%，加之经济的大幅缩减，这些均让投资者感到恐慌并开始抛售希腊政府债券。在二级市场上，希腊债务的到期收益率不断攀升，雅典的政府也越来越担心多久能继续借款并支付账单。记忆犹新的雷曼兄弟的倒闭让世界金融市场陷入恐慌状态，欧洲其他国家的政策制定者不愿希腊违约，尤其是德国和法国银行已经缩水的权益资本承担着希腊政府的危机风险，让他们试图构建一个救助计划。由法律规定欧盟条约和欧盟成员国间不同的利益使情况很复杂，由于欧盟条约中无担保规则条款约定"成员国没有承担中央政府、区域、地方或其他公共区域、公共法律管辖的其他机构或其他成员国的公共事业的义务"（欧洲联盟的里斯本条约第 125 条），许多政治家和经济学家拒绝了欧盟和欧盟成员国的救助方案。他们认为国际货币基金是合适的求助对象，但它不能给希腊提供大量的资金来偿还几个月后即将到期的政府债务。在一些国家，特别是德国，公众强烈反对向希腊或其他南欧国家提供援助计划。他们的理由是希腊应该自己完成救助，德国纳税人的钱不应该用于救助南欧伙伴的困境。因此，关于欧洲如何帮助希腊的讨论拖了几周。这个拖延对金融市场是不利的，虽然欧洲联盟正在商议针对希腊的救助方案，通过国家议会拉拢必要的选票，但其他欧盟国家的政府债券市场依然开始走低。德国央行总裁埃克塞尔之后在议会听证会上解释说，虽然从某种程度来说只有德国政府债券可能找到一个流动性的市场，但是投资者开始回避甚至如法国等欧盟核心成员国的国家债务。同时，并非只有希腊政府，其他欧盟国家，如西班牙、葡萄牙、爱尔兰或意大利也可能拖欠债务。尽管一些经济学家声称，全球银行体系以及世界经济能够承受希腊经济的崩盘，但却肯定无法同时承受经合组织国家发生危机的更大打击。在很短的时间内，欧洲联盟的领导人一起制定了一个更大的救援方案，保证所有欧元区国家在危机时都能获救。通过使用国际货币基金组织的资金和在卢森堡新成立的特别投资机构，救助计划拥有了一定的资金，这足以打动金融市场，并让他们至少暂时冷静下来。然而，希腊并不是使用这一资金的唯一国家，爱尔兰在金融危机高峰期，确保了其银行的负债（是其政府债务不断飙升的结果），葡萄牙已分别在 2010 年和 2011 年申请了紧急贷款。欧洲联盟一直忙于 2011 和 2012 年的危机，最终承认希腊债务是不可持续的，需要重组。很显然，当 2012 年西班牙和意大利市场恐慌情绪蔓延时，庞大的救助计划还不够。首先，欧盟试图通过更严厉的紧缩政策解决这一问题，但这只会导致经济进一步衰退。2012 年夏天，当欧洲央行行长马里奥·德拉吉承诺"不计代价"拯救欧元，并宣布央行将购买申请紧急贷款政府的债券时，恐慌减轻了。然而即使在欧元区外，希腊危机也不是一个独立的事件。危机让我们清楚过去两年西方国家政府的财政状况急剧恶化。英国在 2010 年 5 月大选之后有政府官员指出，鉴于希腊政府的遭遇，有必要大力削减预算。同样在太平洋的另一边，美国开始注意，危机爆发以来，政府债务负担在大幅增加。

我们是如何走到那一步的？我们怎么会突然发现多年来一直被称赞公共财政稳健的世界九大经济体之一的西班牙出现了政府违约？为了理解悲惨的西方国家政府的财政状况，我们必须回去看看世界经济如何在 2009 年悬崖勒马。

第二节　我们如何远离深渊

当 2008 年秋季金融危机初期信号出现时，经济似乎并没有出现暴跌反应，政策对经济产出也未产生实质性的影响。在这样的情况下该怎么做，经济理论定义得很清楚，私人投资的缩减速度创了纪录，百万人口遭遇失业，全球贸易几乎陷于停滞，甚至连通常支持新古典主义理论的经济学家也开始愿意从凯恩斯主义角度来寻找解决方案。凯恩斯一直坚称，他的一般理论不仅是一个用于特殊场合的理论。但许多经过学家认为，凯恩斯描述了一个"危机理论"。如果这是危机，就应制定赤字融资的减税、支出计划和下调利率。美国迅速采取行动，经过激烈的公共辩论，最终采取了传统的财政刺激政策。2007 年末美国经济已开始衰退，美国决策者早在 2007 年就出台了第一个经济刺激方案。在 2008 年情况进一步恶化时，美国政治家在竞选期间忙于讨论更多的刺激措施。不过，考虑到低迷的势头，美国的政策可能不足以稳定全球经济。不幸的是，西方世界第二大经济体——欧洲起初是在 2008 年联合行动的问题上有严重分歧，当时德国得益于较低的公共赤字、温和的公共债务水平和较高的经常账户盈余，提出了一些经济刺激计划。然而，也正是德国人，在欧洲伙伴提出稳定经济建议时，他们挖了墙角。例如，

2008 年夏末当时的财政部长佩尔·施泰因布吕克表示，危机是美国的问题，因此德国不需要刺激方案。法国前总统萨科齐和英国前首相布朗对欧洲的开支或减税的请求不仅被施泰因布吕克拒绝，也遭到了默克尔总理的反对。对此，萨科齐和布朗在伦敦单独会晤，讨论进一步行动。几天后，美国投资银行雷曼兄弟于 2008 年 9 月破产，施泰因布吕克在联邦议院的预算案辩论中宣布，德国不存在经济衰退的风险，德国经济的增长将在下一年超过 1%。我们现在知道，这个评估是错误的（即使雷曼兄弟没有破产也是错误的），早在 2008 年春天，环比结果显示德国经济已开始衰退。在施泰因布吕克演讲时，德国经济已持续了六个月的衰退。德国的立场几乎毁了整个欧洲的计划，一方面，许多德国的政治家和经济学家开始对凯恩斯经济政策产生反感；另一方面，施泰因布吕克实现预算平衡的个人目标破灭了。很明显，德国希望通过刺激出口、搭便车来克服这场危机。但令人惊喜的是，短短几周后，德国提出了自己更大的经济刺激方案，这些均包括在谈判报告的内容中。随着雷曼兄弟破产之后的经济形势恶化，大型工业企业和工会的代表决定寻求与管理方会谈，并向他们发出订单和生产崩溃的严重性警告。社会民主党和基督教民主党（基民盟/基社盟）的合作伙伴总理默克尔在随后的"大联合"中制定了刺激经济的财政政策措施。德国的救助计划通过后，2009 年春季，所有主要工业化国家都采纳了庞大的经济刺激方案。据经合组织估计，平均而言，这些救助总额超过了 GDP 的 3%。虽然个别救助计划在细节上有差异，但许多地方都有相似之处：几乎所有计划的内容均包括扩大基础设施，但它们却并没有充分考虑生态环境的需求。许多国家补贴报废的旧车和购买的新车，也有采取广泛减税的措施。虽然一些国家采取的措施在 2008 年产生了影响，但大部分措施在 2009 年才生效。只有在少数情况下，如德国的主要经济刺激计划的效果在 2010 年才比较明显。还必须指出，在一些较小的危机国家，如匈牙利、冰岛和爱尔兰，政府被迫提高税收或削减开支，这无疑使问题更加恶化。

大型新兴经济体也开始以前所未有的方式实施稳定政策，如中国、印度和巴西已进入财政收支稳健和经常账户盈余的危机，他们可以通过扩张性的财政和货币政策抵御经济低迷。即使是经济形势不稳定的国家，比如说越南，也开始实施大规模的经济刺激计划。2008 年中国宣布 5 850 亿美元惊人的经济刺激计划，当然并不是所有分配的资金都用于新的开支，一些资金只是来自于其他项目的预算。然而即便考虑到这些因素，无论是从中国经济还是从绝对值上与其他国家相比，这一经济刺激计划仍相当巨大。巴西和印度也增加了支出，以抗击经济低迷。总的来说，主要工业化国家的财政政策措施，也是大多数欧盟成员国和最大新兴市场的基本需要。在救助计划的细节中，由于欧元区和 G20 国内缺乏正式的机构制定有效的协调经济政策，因此，增加支出和减税的相对权重等还需要讨论。

欧洲和其他经合组织国家关于劳工市场的政策也值得称赞。与近几十年来其他危机相比，如德国从 2001 年开始的低增长，这些政府不采用任何可能削弱工资基础的措施。相反，在危机中，许多国家的政府甚至延伸了失业保险之外的社会保障。例如在芬兰和法国，雇员在正式被雇佣前的试用期缩短，在美国，失业保险的权利延期。在一些国家，包括德国，为留住员工还提供了奖金激励措施，虽然订单一直在缩水。例如在奥地利、捷克、德国和意大利，短期工作的限定取消了，在一些较小的国家，甚至第一次推出了此类规则。因此，从经验判断，一些国家如法国、意大利和德国的失业率增加比可能预期的慢很多。此外失业福利带动了需求，总体而言，工会同意名义工资降低的压力减轻。然而，这些政策无法阻止一些国家的失业率升至创纪录水平，如美国和瑞典。中央银行的反应也值得表扬，虽然欧洲中央银行可以推迟至 2008 年 7 月提高利率，但这样会再一次加剧衰退，它最后采取了正确的方法：不仅在 2009 年中期让利率大幅降低，而且还推出了新工具和银行信贷额度，为其提供了流动性。美联储有时甚至会绕过银行直接从企业购买商业票据，这也必须被视为一个积极的稳定经济形势的步骤。新兴国家的央行也大幅削减利率为全球刺激计划贡献力量。除财政和货币刺激措施外，世界各国政府也不得不帮助银行业渡过危机。在发达国家，如德国、法国、瑞士和英国，大型金融机构暴露在美国次贷危机的风险中，一些银行还直接投资了美国抵押贷款支持的债务抵押证券。其他银行甚至成立了自己的特殊投资机构，参与到"打包和销售"环节中，从美国各银行中购买抵押贷款，并试图将它们打包再销售给其他投资者。当危机发生，这些资产发生流动性危机或者甚至一夜间变得一文不值时，政府被迫从银行购买这些证券来提供担保，或者给予贷款甚至给受困的银行注入资金。当然这些措施在细节上有差异，在美国和德国，政府最初很愿意对银行注入资产或国有化银行，因为他们认为这是放弃自由市场的原则。然而最后大多数政府选择了一些银行进行救助。新兴市场的银行没有像发达国家一样直接暴露于美国的刺激抵押贷款风险中，因为金融机构很少参与对外投资热潮。然而，经合组织国家的银行问题也对发展中国家和新兴市场产生了影响。当大型金融机构突然出现巨额亏损时，他们削减了被视为高风险的投资。比如将资本撤出巴西、韩国等国家，汇率大幅贬值。因此，发展中国家和新兴市场的银行突然意识到了自己与富国的信贷额度的断绝。同时，得益于许多新兴市场的坚实基础，大多数情况下的汇率波动并不会造成直接的危机。不过，政府被迫采取行动，政府或中央银行延长贷款，保持国内金融机构的信贷流动。在那一特殊时期，越小程度融入到国际金融体系中，一国的经济状况就越好。由于资本管制和监管，印度和中国的金融系统并未因发达国家金融体系的崩溃而出现不稳定，并能继续对实体经济活动提供支持。此外，像中国、印度和越南等国的银行系统仍为国有，也可以被政府作为第二个稳定需求的工具使用。

第三节　谁来救助救援者

在这时采取的措施都是正确的选择，即使不是所有的政策制定者都明白其中的逻辑，这些措施至少可以暂时纠正由美国次贷危机及蔓延所带来的问题。向银行注资购买问题资产意味着从私人部门接管债务，从而帮助解决美国、英国和西班牙等国家过度负债家庭和公司的问题。银行私营部门的负债都在信用违约和取消回赎权过程中记录在案，为救助银行业，政府增加自身债务并用所得填补银行资产负债表中的缺口。事实上，在许多国家，这一过程让私人债务负担变为了公共债务，在之前抵押贷款繁荣时期已经历过私有债务的转换，比如美国、德国和荷兰等国就将钱借给国外。当私营经济突然间无法依靠进一步的信贷扩展来保持需求的增长时，政府还须帮助解决私营部门需求不足的问题。只是当美国、英国和西班牙的私人家庭削减消费和住房建设开支时，尤其是当美国的家庭不再表现得像世界经济的"最终消费者"时，政府开始对公共基础设施项目投入资金，并对新车进行补贴，以避免经济进入一个螺旋式的下降循环，出现新失业人群导致新的开支削减从而导致更多人失业。

所有这些措施都毫无疑问地在帮助全球经济从悬崖边回来，

然而，他们都有一个缺点：各国政府需要先借到钱，然后把它花在经济刺激方案上或交给银行，以稳定金融体系。此外，经济活动的急剧下降也加大了政府收入的难度，导致政府预算窟窿增大。虽然世界陷入如 1930 年的大萧条的成本是灾难性的，但避免这一现状的成本也是巨大的：2009 年工业化国家的预算赤字达到几十年以来未知的高度，西班牙的借款占 GDP 的 11.2%，英国政府的收入低于支出的部分占 GDP 的 11.3%，而美国政府不得不堵塞占 GDP11% 的预算赤字。所有主要的经合组织国家中，2008 年危机爆发以来直至 2012 年公共债务水平大幅上升，想改变持续加大的预算赤字不是一朝一夕的事。整个经合组织，债务占 GDP 的比例从危机之前的 74% 增加到 2012 年底的 110%，从绝对数字来看，这意味着这些发达国家新增了 1 000 亿美元的政府债务，几乎相当于美国一年的产出。

第四节　长期低增长的危险

如何解决巨额赤字和大量债务问题是个难题，虽然政府的措施让世界经济在短期内企稳回升，但并没有解决世界经济的基本结构问题。如前面章节所述，导致危机的债务可视为广义范围的金融市场监管放松和劳动阶层中资本与劳动力收入分配的根本性改变。政府扮演了经济参与者的角色，通过提高自身债务来维持经济增长。长期以来，投资者对此并不在意，政府债券被视为安全的投资方式，直至 2010 年，投资者对它的需求都很高。2010 年的美国和德国的政府债券回报率较低。在某些时期金融市场参与者会对如希腊、西班牙、爱尔兰和葡萄牙一类的国家感到担心，但以自己货币发行政府债务的美国或德国至今也未引起市场恐慌，希腊的危机让政治家们提高了对公共债务危机的警惕意识。当然政府有比私人家庭更多的途径来提高收入，如通过提高税收，政府也有能承担的债务上限。从某些角度来讲，利息支付占据了税收收入过多的比例，特别是在利率上涨时，所以政府无法永远将借款保持在 2009 年的水平。回到近期扩张的财政政策，从另一角度来讲可能也不简单，如果个人需求再次上涨，经济在政府缩减开支后会持续复苏。问题是那时个人收入的趋势无法为消费的快速复苏提供基础，在一些大的经济体，失业率上升给工资施加了下行压力。即便是在像德国一样失业率保持相对稳定的国家，危机期间公司利润的大幅下跌也阻碍了工资的增长，只有在一些新兴国家如德国、巴西、情况有所不同，即个人需求的增长越来越快，虽然中国和巴西对世界经济的影响力近年来有所提高，但他们的消费支出仍无法将世界经济带出低谷。一些高增长国家的发展也隐藏了不祥的征兆，中国和其他发展中国家受房地产泡沫危机的困扰，也需要避免激进的重商主义政策。

在下一个十年可能会出现家庭和企业控制消费增长的情况，几乎所有经济合作与发展组织国家的私人家庭负债和公司债务都达到了创纪录的水平，在这种情况下，贷款人和借款人都不愿再借贷。美国等国家的房价会进一步下降，许多经济合作与发展组织国家的房地产市场过剩产能会导致建筑业的长期萧条。2010年开始的股市繁荣其实外强中干。此外，国际的失衡和债务并未发生结构性改变，汇率的突然调整和随后不稳定的影响仍不能排除，大多数经济合作与发展组织国家会保持低增长和不稳定，这也意味着不会对劳动市场有太多的救助。日本在20世纪80年代产生的房地产和证券市场泡沫导致了日本式经济停滞状况，这已成为现实中普遍的情况。几乎所有经济合作与发展组织国家未来的周期性衰退，包括新型主要金融危机，很可能导致系统性的经济问题。劳动市场管制放松，大多数经济合作与发展组织国家的工会和社会民主政党变得更弱势，在高失业和低工资的情况下，严重的通货紧缩是不能排除的。从这个意义上来说，我们不能排除重蹈20世纪30年代大萧条覆辙的可能，虽然目前看来更可能的是出现长时间的增长疲软。现在正是从根本上转变世界经济的时候，接下来的章节将告诉我们如果能够避免过去几十年错误，世界经济会是什么样的。

第二部分

得体资本主义的路径

第六章　新经济模型的主要特征

一个可持续的经济模型，即一种得体的资本主义，应该至少包括三个相互关联的维度。首先，模型应该具备生态可持续性，也就是要防止全球变暖，尽可能使用可再生能源，并竭力预防物种多样性减少等有悖可持续发展的事情发生。其次，经济模型的形成方式应该保证目标发展过程中不会受资本市场通货膨胀和通货紧缩（所谓的繁荣萧条周期）的不良影响，而且也不会导致个人和整个社会过多的负债，因为过多的负债会不可避免地引发下一个危机。从中长期来看，模型应该在同时解决生态问题和提高劳动生产率两方面提高创新能力，推动技术进步，实现社会各方面的共同繁荣。最后，在我们看来，所有的群体能够一起分享社会进步的成果是非常重要的，收入和财富分配的不均必须在社会和政治可接受的范围内，每一个人都应该享受到美好生活所带来的幸福。

下面的章节中，我们主要介绍一种得体的经济模型所需要具备的基本特征。

第一节　聚焦需求和绿色增长

首先，我们讨论一下关于经济增长的动力。一个社会的产出水平最终取决于它的需求，而需求则由投资、消费、政府需求及净出口决定。如果需求和产出的增长率低于社会生产率，那么劳动者的就业率势必会下降，在这种情况下，如果劳动时间和劳动参与率保持不变，失业便会上升，因而经济要保持持续发展，需求就必须以稳定且适当的比率增长，这就要求需求的各个组成部分之间符合一定的比例，正如在消费需求和其他需求很小的情况下，通过高投资来提高经济实力便毫无意义。由于在这几个组成部分中，消费需求所占的比例最大（通常占到 GDP 的 60%~70%），因此，以家庭收入为基础的适当消费需求增长是非常重要的。

当然，投资需求也十分重要，它一般由个人投资和政府投资（即中央和各级地方政府机构及各个层级的政府机关等）构成，它不仅能提高需求，同时也是新技术水平的体现，对未来的生态可持续发展同样极其重要。

为了使家庭需求保持足够的增长率，首先就要保证至少在一个经济周期内，工资的增长速度和 GDP 的增速保持一致，另外，投资收益最终也须流向个人。对大多数家庭来说，工资依然是收入的最重要组成部分，因此，工资的高低便决定了家庭消费水平的高低。此外，经验证据表明因投资收益增加而进行的消费比因工资增加而进行的消费要少得多。对于高储蓄率带来的家庭收入增加，由于其不会导致收入的普遍持续增加，因此便不能成为促进需求的持久动力，在这种情况下，依赖工资收入的家庭只能通过借债来有效地促进消费。从根本上来说，就像我们已经提到的次贷危机，信贷驱动的消费需求是不可持续的，而且也非常危险。

政府需求同样很重要，政府提供许多重要的公共支出，例如教育和卫生保健等，通过这种方式，政府可以积极优化整个社会的消费结构。此外，政府在基础设施建设和维持可持续增长方面同样发挥着重要的作用。世界上许多成功国家的政府公共支出都占到 GDP 的很大比例，如斯堪的纳维亚半岛上的国家等。如果政府必须向社会提供公共物资，并且想努力改变由市场导向的令人无法接受的收入分配状况，那么它就不能哭穷和显得过于吝啬。

除此之外，国家也可以通过增加出口、推动贸易顺差来刺激国内需求。不过，从全局来看，这种出口导向的增长是一个零和博弈，因为一个国家的顺差必然导致另外一个国家的逆差，如果几个国家频繁且持续地以出口来拉动经济增长，必然就会对世界上的其他国家产生不良影响，因此这种方式也就受到了许多国际监管条例的限制。

　　在现行的模型中，一方面有生产和消费的基本矛盾，另一方面也存在着经济发展与生态需求的矛盾。如果我们不能尽快开始关注并解决生态问题，世界上大部分物种的生存将受到威胁，从而引发对生存地区，包括对水和食物、石油等自然资源的激烈争夺。我们现在所看到的市场机制，在协调经济增长与生态需求方面是极其失败的，这不仅包括现在的生产和消费方式，也包括两个世纪以来科技发展的形态，这种发展形态不是由个别公司和消费者的错误所导致的，而是几个世纪以来价格机制向科技发展、生产和消费所发出的错误信号所致。如果事实不是如此，那么我们就不会面对经济增长与诸如全球变暖、不可再生资源枯竭等生态问题的矛盾。随着生产与消费的结构以及科技发展的根本转变，不会对生态环境造成不良影响的绿色增长是有可能的，当然这也会深刻地影响到我们的生活方式。我们并未假设经济增长永远是必要的，一旦社会发展和生活标准达到了一定的水平，以科技发展为基础的经济繁荣是否会表现为更高的消费和更多的休闲时间，便成为了一个社会应扪心自问的问题。

　　市场自由的全球化已经和社会多方面不可持续的债务积累联系在一起。例如，一方面，尽管整个家庭作为一个总群体拥有着债权头寸，但大部分的家庭中却有着很高的债务，这对整个经济运行是不利的；另一方面，政府同样拥有很高的负债（通常用占 GDP 的比例来衡量）。不同的社会群组所拥有的负债对经济体发展的影响也是不同的，例如，企业可以比个人家庭拥有更多的负债，因为企业可以投入生产、创造价值，然而，在市场自由化的时代，企业和金融机构却忽略了应该充分增加它们的所有者权益。事实上，如果一个单独的社会群组拥有过多的负债，而其他部分则进行剩余积累，那么，需求是无法持续增长的。从全球来看，这个逻辑对个体经济同样适用，各个个体经济参与者的资产负债表不需要保持一致，但这却是极其有害的，债务应该控制在一定范围内，以防止不同社会部分以及社会部分中的一些实体出现过度负债。

在没有政府调控的情况下，消费需求和投资需求不会自动按照稳定且可持续的方式发展。凯恩斯许多年前就曾明确作过论述："这个令人不安的结论依赖于如下假设，消费倾向和投资率不受社会利益的控制，而是受自由放任的影响"。为了社会总体和经济发展的利益，消费需求和投资需求的同时发展是必要的，需求足够地稳定增长而不引起过度负债需要特定的组织框架和政府的经济干涉。体制框架的制定必须有助于实现收入的相对均等，也必须有助于扭转损害低收入群体利益的再分配，同时，投资必须在政府的干涉下保持稳定，让公共事业、基础设施投资和企业可以在其中发挥必要的作用。

为了利用生态可持续的方式来改变生产和消费，能源开采、人员流动和房屋建造的方式都需要发生巨大的变化，而这些根本的改变将不可避免地带来新的投资浪潮。伴随着经济发展方式和生态发展根本性的转变，下一个十年将带来个人和社会投资以及 GDP 的新增长，这一内容我们将在第十章再作介绍。

第二节　增长和创新的金融系统

金融系统就像经济运行的大脑，对社会发展起着十分重要的作用，尽管它们也可能会使经济走向衰退。事实上，在一个持续增长的现代经济体系中，一个完善的金融系统至少要发挥四个功能。

首先，通过建立信用，金融系统可以使企业，特别是创新型企业，进行投资和生产。信用制度可以在没有预防性储蓄的情况下创造金钱和信用，这些资金可以供企业家用来购买生产所需的材料和机器设备，当个别公司的投资使股本、生产潜能、收入和储蓄增加，从而可以保证投资的资金需求时，这个循环便会结束。由于这个过程通常与创新紧密联系在一起，因此，金融系统在非常重要的关键点上支持着生产力的发展。

金融系统的第二个重要任务是风险的再分配。尽管这个功能在次贷危机之后变得声名狼藉，但是在不同的经济主体之间进行风险的再分配仍然是金融系统一个重要的功能。对单个项目的投资往往面临着巨大的风险，甚至会完全失败，因此，个体不愿独自承担风险，或者只有在能够得到可观的回报时才会承担风险。然而，由于金融系统可以使风险分散在许多的投资者之间，所以个体投资者不会被迫赔上所有的资产，从而总体的投资意愿也就会提高。

银行的信贷配置在调节金融系统流动性和风险转化方面起着非常重要的作用。银行系统积聚社会的短期存款，同时向投资者发放长期贷款，股票市场同样具有这个功能，股东可以以股份的形式进行长期投资，并且他们可以随时在二级市场上将其卖掉。非银行金融机构，例如投资银行，通常倾向于从事更高风险的金融活动（假设金融活动都是政策允许的），同时可以带来经济更快的增长。一个社会体系如果拥有可以提供更多流动性和风险转化的金融系统，要比一个缺少这样金融系统的社会，产生更多的资本积累、更高的劳动生产率和更丰富的物质积累。

金融系统的第三个任务是使最有前景的投资项目得到资金和贷款。通过利用充分的信息，金融系统比个体投资者更容易判断哪些投资项目更有可能获得最大的收益，从而向最高效的项目分配财务资源，另外，创新型企业的技术收入是实现高回报率的重要来源。

金融系统的第四个功能是积累散户投资者的资产，从而将其用于更大的投资中。在这种情况下，毫无疑问我们需要寻找一种完善的金融体系或者没有个人负债的经济秩序，但问题是，在过去的几十年中，金融系统不是没有发挥上述作用，就是在发挥作用的同时导致了社会经济的不稳定。在我们看来，金融系统的监管和改革涉及五个维度，现在我们只进行简单介绍，详细内容将在第九章再作深入分析。

第一，偏好风险的非银行金融机构，例如投资基金和对冲基金，应该从商业银行中分离出来，同时，商业银行不允许向非银行金融机构贷款，或者从事自营业务，这是前美联储主席保罗·沃尔克提出的。但这种结构仍然可以为高风险投资提供足够的资本。

第二，银行不允许利用监管漏洞，从事监管较少甚至完全不符合监管要求的业务，不允许从规定的金融业务中抽离出来开展银行系统的影子业务，所有的金融机构都应该受到严格监管。金融机构现在不仅拥有更高的杠杆率，而且随着期望收益达到非理性的高值，金融机构将会以风险更大、期限更短、投机性更强和需求回报更高的方式运营。同样，金融机构也不允许持续地减少自有资本的比例，以防止当危机到来时，几乎没有自有资本来进行缓冲的窘境。

第三，要为宏观经济管理，特别是金融系统创造反周期性工具。尽管已有最严格的监管，但如果没有政府干预，金融市场上过多的剩余资本仍有动摇经济其余部分的可能性。同时，金融市场的这一趋势被错误的监管条例（所谓的《巴塞尔协议II》）和会计变革所加强。因此，为了使金融系统重新发挥在经济中的重要作用，金融市场的游戏规则必须要有根本性的变化。

在反周期政策的结构里，中央银行和各金融部门都在金融系统中发挥着重要作用。一旦事态的发展偏离原定方向，例如出现房地产泡沫，那么中央银行和各部门可以通过行政手段控制其发展。另外，考虑到提高利率尚不足以控制泡沫，反而会对整个经济产生潜在的危害，因此政府应该更坚定地实施其他政策来纠正类似的宏观经济政策的错误，例如，利用税收政策可以通过对投机利润收税来控制房地产市场和股票市场上过多的资本剩余。

第四，所有的金融产品（特别是各种衍生品）在上市以前，都应该获得监管机构的批准，交易只能在正规的交易所进行。这些规定为降低风险提供了足够的可能，而且也不会以任何相关的方式增加企业成本，另外，评级机构和制定国际会计准则的机构也应该接受政府的监管。

第五，国际资本的流通也面临着新的问题。尽管个别中央银行勉强可以通过利率政策影响国际资本的流动，但这会引起严重的经常账户失衡和汇率动荡；同样，中央银行也迫切需要其他工具来保证其可以干预国际资本的流动。基本上，自中央银行配置的各种金融工具逐渐减少且最终只剩利率政策以来，展现在我们面前的最近数十年的发展都是被错误引致的。对此，中央银行应该重新制定政策工具，以便积极地作用于国内资产市场泡沫和不稳定的国际资本流动，并且这种工具也应该成为中央银行常用工具的一部分。

第三节　更为公平的收入分配

近几十年来，收入分配出现了明显的不平等现象。这一现象危害了社会和政治的凝聚力，除此之外，不平衡的收入分配也造成了宏观经济的不稳定。在以家庭收入作为消费的主要来源的情况下，收入分配的不平等对消费需求也将会造成不利的影响，因为高收入群体有更高的储蓄率。德国和日本是在收入分配方面有本质变化的典型例子，收入的不稳定增长阻碍了消费需求的正常增长，而其他国家，例如美国和英国，尽管收入的不平等现象也在加剧，但家庭消费可以通过增加个人债务来尽力维持不变，这些国家从20世纪90年代以来都经历了高速增长，直到次贷危机的爆发。但随之而来的是不稳定的金融系统。由于这样的模式会导致过多的负债，因此长期来看，是不能持续存在的。

一个得体的资本主义模式一定要控制收入分配不均的现象，以保证所有的群体都能足够享受到整个社会所创造的财富。第二次世界大战之后，政府监管下的资本主义成功的秘诀是，在收入增加和相对公平的收入分配制度下，工人整体购买力的提高，而反观现在，非常明显，旧的模式必须重新被采用。

收入分配有三个重要的组成部分：工资和利润收入的分配、

国内工资总和与国内利润总和的分配以及国家的其他福利再分配政策。工资份额的减少是由更高的利润附加费造成的，根据我们的分析，在放松监管，特别是在金融行业的影响力不断增强和为了追求高回报而更愿承担高风险的情况下，更高的利润附加费是完全有可能的，股东价值的增加以及不断增加的机构投资者均促使企业追求更高的利润附加费。因此，金融行业的规则和结构必须遵照能使利润附加费再次降低的方式进行改变。另外，利润附加费还取决于商品市场的垄断水平和产权结构。不正当竞争法的任务就是防止个别市场的垄断，因为不断增强的市场控制力会带来持续增加的完全垄断利润或寡头垄断利润，而这会导致更严重的收入不平等，从而引起影响整体经济需求稳定增长的相关问题。一方面，市场自由的全球化提高了商品市场的竞争度；另一方面，跨国公司通过自身发展、兼并或接管等方式不断扩大规模，从而导致市场竞争度下降。在许多情况下，类似能源、供水和铁路等的自然垄断在没有创造足够竞争的情况下被私有化。然而，我们发现这些领域是没有必要私有化的，如果政府机构接管自然垄断来提供产品和服务，则是可以减少利润份额的。

　　近几十年，不同人群的工资出现了明显的差距。低工资人群、不稳定的就业和非正式就业的数量在全世界范围内不断增加，特别是在尚未开展国际贸易的商业和服务业。全球化趋势不能直接解释这些行业所面临的问题，这是劳动力市场放松监管的结果。不合理的工资分配必须通过劳动力市场的改革来加以改变，劳资双方的集体谈判制度也必须加强，并在其他劳动力市场制度的支持下达到国际劳工组织强调的良好工作环境。当然，政府所提供的最低工资和社会保障也须在其中发挥重要的作用。

即便有严格的监管，市场也不会带来政治上可接受的收入分配，除此之外，并不是每一个人在市场上都能拥有同等的机会。基于性别、照顾小孩的责任、残疾、年龄及种族等劣势，弱势群体会被市场不断淘汰，从而失去收入来源，最多也只能保留一份工资微薄的工作。一般来说，收入不应只基于个人成就而获得，例如，大笔遗产的继承就是与资本主义的性质完全不同的。税法和社会制度必须以社会可接受的方式来组织收入分配，税法应该发挥显著的再分配作用。目前，这一渴求也变得越来越迫切，因为单独依靠市场只会导致不公平的加剧，在这种背景下，不仅超前的税收制度是重要的，而且所有上述提到的保证资本收益充分纳税的规定也是必要的，例如，逃税应该通过离岸中心的驱逐或其他方式加以控制和制止。当然，公共事业上的支出也可以被用来减弱收入不平等，例如提供类似教育、卫生保健和公共交通的公共物品，也可以纳入政府的转移支付和社会保障制度，所有这些都可以发挥明显的收入再分配作用。

第四节 国家财政预算的稳健融资

前面我们已经提到，社会的各个经济部分不应该持续地提高负债比例，这也同样适用于国家财政预算，通过占 GDP 的百分比所衡量的政府公债如果过多，就会造成许多不良影响。首先，过高的政府公债会对再分配效果产生不良影响，例如，国家利息收入流向高收入人群，税收则由中低收入者承担。其次，持续的高利率会带来高债务，从而导致财政赤字不断上升以致财政预算陷入再融资难的困境。最后，政府财政也可能由于过度负债，最终被迫从信贷市场中退出，这种情况通常以外币持有负债时最常发生，并且困扰着那些近几十年经历了货币危机的不发达国家，但是，以本国货币持有负债时，这种情况也会发生，希腊和欧洲货币联盟的其他国家发生的债务危机就是这样的例子。过多的公债最终会限制政府能够调控的空间，因此，这也就提出了对币制进行改革或其他能减轻政府公债方式的合理诉求。

我们并不是要求政府固定负债比例，也不是要求固定新增借款的比例。在严重的经济危机时期，这些比例在短期内是不可能维持不变的，而且，固定比例对当时的经济环境也是有害的，例如营造经济环境所要求的财政政策就会被负债的规定所限制等。我们的观点是政府公债应该被分割为消费预算和资本预算，后者可以为公共投资提供资金，而消费预算则应该在中期达到平衡，并且一般由税收和捐款来提供资金。对公共投资来讲，如果投资带来的回报是可预期且可衡量的，那么公债就是合理的。但是公债占 GDP 的比例在长期应该达到稳定，短期内，一项积极的财政政策带来显著的预算波动并不违背上述要求。此时，区分资本预算和当期预算的差别就十分有用。当期预算包括国家消费支出，而且应该在中期达到平衡，但是公共投资属于资本预算，可以通过长期信贷加以融资。为了使经济需求达到平稳状态，首要的是进行资本预算，从而根据经济状况，开展或取消公共投资。然而，在当前的预算政策下，只有在预算需要达到中期平衡时，由经济周期带来的税收和公共支出变动引起的自动稳定器才会为公众所接受。

第五节 监管水平

在过去的几十年里，全球化模型的基本问题是经济全球化和国家监管的不对称问题。尽管经济的全球化进程已经发展了很久，但现存的监管结构和对世界经济的管理力度仍然不够，涉及的范围也依然很窄，这不仅仅局限在经济方面，也包括许多其他领域，例如环保问题等。全球监管的缺失也证实了其在类似防止全球变暖、全球经济政策协调和国际储备等国际公共物品方面供应的不足。全球监管的一个作用是建立更稳定的国际汇率体系和防止过多的经常账户失衡的机制，如果对国际资本流通没有一定程度的控制，那么这样一个体系是很难建立的，尽管目前已有华盛顿共识所提出的各种主张，但自由的资本流动明显并不具有其所声称的价值。在许多情况下，自由的资本流动会引发经济波动、带来负向冲击并导致货币危机，而不是带来经济增长和促进经济的有效性。

并不是一切都应该在国际层面上加以规定和监管，许多问题都应该停留在国家层面，但哪些政策应该属于哪些政治层面，要具体问题具体分析。概括起来，为了能够更好地控制和纠正危害国家及全球经济稳定性，甚至可能危害人类未来的市场发展模式，不论采用新机制，还是恢复已经抛弃不用的旧政策，我们所需的都是一个具有宏观经济监管机制的经济政策体系。

第六节　不可或缺的市场自由

为了避免误解，我们并不是要把经济完全委托给各种各样的政府规则和干预，也不是所有的政府干预都能够或适合推动经济稳定增长以及稳定收入和需求的发展，一些干预甚至对中长期的发展是有害的。在考虑生态需求的政府现有结构中，商品和服务市场的自由化是创新和改革的动力，这种创新和改革可以提高生产力和人们的生活水平。近几十年来，通讯事业为推动改革发挥了巨大作用，这在高进入壁垒和严格监管的市场中是不可能的。

政府干预的成本必须与其收入相当。政府干预不应使市场的作用无效，市场可以带来产品和工艺的创新，从而改善生产力和人们的生活水平。正如约瑟夫·熊彼得和卡尔·马克思所说，企业与以创新方式获得超额利润的可能性之间的竞争是社会生产力发展的动力。企业在市场中成功或者失败的可能性是经济动态的一个主要因素，而这种机制也正是市场经济相较于计划经济的优势。

此外，尽管市场尚有许多缺点，但它为人们提供了更多的空间来决定各自喜欢的工作和消费方式，例如，从对幸福感的调查中可以发现，个体经营者往往对他们的生活更加满意，因为他们基本上可以自己决定每天的工作日程，只要个体经营的趋势不是失业所带来的经济压力的后果，就不会对工作环境造成持续的不良影响，而且个体经营可以视为支持市场自由化的一个例子。建立一个没有繁文缛节的，尽可能开放的市场是十分重要的，因为它可以使更多的人选择自己想要的生活方式。

毫无疑问，我们可以采纳 20 世纪 60 年代或 70 年代中经济监管形势的优点，然而，新经济结构和政府干预的基本原理必须包括市场自由原则，在此同时，也需要对市场的不稳定因素和监管不力的现象加以监管和控制。

　　我们再一次赞同凯恩斯的观点：就我而言，我相信管理得法的资本主义比其他社会形态可以更有效地达到经济发展的目的，但其自身必须非常客观，我们的目的是构建一个不违背我们满意度的生活方式和尽可能有效的组织。

　　对于我们今天所熟知的资本主义是否会在未来的几个世纪继续存在，我们尚不能确定，但这个问题与当前的经济状况和可预见的未来几乎没有任何关系。现存的经济和社会结构为变革和转型提供了必要的结合点。

第七章　复苏中的公共部门

当前世界经济中，政府的收入支出结构无疑是对经济发展起决定作用的因素。与过去的市场自由全球化结构相比，而今政府需要制定更有力更活跃的政策来应对经济变革。公共经济活动是政策可以发挥普遍且持久影响力的关键经济领域，除直接监管之外，税收和支出也是收入及财富分配的主要影响因素，政府应该通过对教育和研发的投资向社会传递公共物品。此外，在考虑生态需求的情况下，禁令、规定、税收和支出要在技术及生产消费方式的根本变化中发挥关键的作用，因此这些因素在此处所提到的经济模型中是十分重要的，它们可以保证经济产出的稳定性，满足生态和社会的可持续性要求，从而尽可能达到全能生产和保证较高的就业水平。从中长期来看，支出和税收政策最重要的任务包括两方面：一方面，通过对教育和基础设施的充分投资，提供持续的生态友好的经济增长结构；另一方面，通过税收和支出政策，防止收入不均在不同群体之间无限扩大。

　　下面我们通过三个角度来分析该问题。首先，我们应该知道公共经济活动中哪些属于当前的战略领域。其次，我们要仔细分析支持公共经济的资金来源，应该以对经济有效和有利于实现公平税收的方式获得资金，同时也应该采用技术且绿色的发展模式。最后，在危机时期，我们需要发挥个体家庭作为"自动稳定器"的作用，同时要在经济周期或危机时期中，考虑其他政府可运用的政策来引导和影响经济。

第一节　政府的战略性支出

　　为了解释公共经济部分在社会经济中的作用，我们需要分析公共支出的目的、资金是如何获得的以及公共经济部分在社会经济中的参与程度等问题。这些问题独立于狭义的财政政策，即政府如何通过改变支出和收入来影响经济波动。但是，就算是财政政策，也应该考虑结构效应和收入分配的影响。

　　完全依赖市场调控会导致公共物品的供给不足（经常没有供给），由于这个原因，市场不能单独作为进行绿色发展和增加社会福利的唯一机制。另外公共物品应该在不损害其他使用者利益的前提下，被普通群众和企业使用。通常，公共物品的消费是无法避免的。为了达到分析的目的，需引入一个在商品生产和使用方面关于市场失灵的理论概念，但考虑到"外部性"的存在，市场价格尚无法作为资源短缺或剩余的标志来发挥作用，因此在具体的模型中，我们主要选取两个在公共经济中起重要作用的因素，即教育和基础设施。

对教育和基础设施的投资

在社会与生态和谐发展的经济体中，科技进步和生产力发展是保持中长期经济增长和生活水平提高的关键决定因素，因此，应该得到不断的提升和支持。在教育、公共设施、研发的公共支出以及对企业在这些领域的投资方面给予支持，都会推动生产力的发展和生活水平的提高。教育和研发是个体经济无法充分提供的公共物品。由于企业可以从更高的受教育水平、良好的公共设施以及积极的协同效应中受益，因此，它们便会产生经济的"正外部性"。教育还有另一个重要的作用，那就是社会中人们受教育范围的扩大，在中长期有助于减少不公平收入分配现象。在受教育程度很低的社会，人们只能从事最简单的流水线工作，而在受到良好教育的社会中，人们能迅速地发展复杂的机器来代替流水线作业。一个缺乏调控的市场会造成巨大的收入差距。类似最低工资制度、行业工资协商制度等收入政策工具体现了社会在减少不平等收入分配方面的进步，但要完全使其消失却依然困难重重。

因此，教育是一个非常重要的出发点。就算只提高受教育程度较低人群的教育水平，都有可能提高人们整个工作时期的工作机会并增加收入流动性，从而控制收入差距，并且能使整个社会的生产力水平得到提高。在教育水平提高的情况下，不被接受的工资差距可以通过法定最低工资等劳动力市场规定来控制。另外，教育也在消除贫穷和增加公平收入方面发挥着重要作用，特别是，如果托儿所、幼儿园以及其他普通学校可以免去费用，那么除了提供教育这一公共物品，还可以使贫穷的社会阶层更容易获得基础教育。通常对那些贫困的群体而言，提供教育要比直接捐赠具有更大的积极作用。从幼儿园到大学，不同国家的教育公共支出存在着显著的差异（见图 7.1）。瑞典和法国对教育的投资占本国 GDP 的 6%，与以市场为导向的美英两国相同，德国和日本政府对教育的投资占到其 GDP 的 4%，巴西也达到 4%，然而中国对教育的投资则较少。不过，与世界经济合作与发展组织的成员国相比，巴西和中国的政府支出占GDP 的份额也较低。特别是中国，为了制定支持人力资源发展的政策，在政府教育方面的支出做了大量的实质性努力。

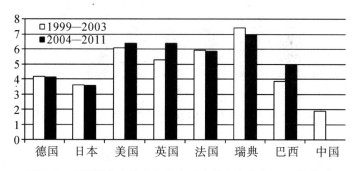

图 7.1 上述国家在选定年度内政府教育支出占 GDP 的比重

　　政府在基础设施方面的投资对经济的持续发展也起到了重要的作用。例如，如果一个国家的高速公路和铁路系统十分欠发达，导致高素质的工程师将全部时间花在了前往会客的路上，那么，这个国家的生产力潜能是无法完全发挥出来的。同样，不同国家在投资方面的公共支出也有显著的差异。就总固定资本投资来说，可以利用其占 GDP 的份额来进行衡量。在图 7.2 中，中国是所有国家中投资最多的，这表明在刺激经济增长、发展基础设施方面做出了很大的努力，日本在公共投资方面的花费也占到 GDP 的很大比重，接着是法国和瑞典，美国和英国在这一指标上则表现欠佳，反映出相对较薄弱的公共基础设施投资，而德国的政府投资数据则惊人的低。如果单纯分析净固定资产投资，差异甚至更加明显，如果再考虑到公路和建筑的磨损和荒废，则由于德国折旧较小，其政府投资可能会为负值。

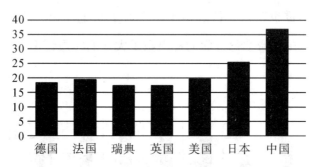

图 7.2　上述国家在 1999—2013 年内政府平均固定资本投资占 GDP 的比重

　　许多争论认为，公共经济不必在教育和基础设施方面做大量投资，私人经济投资即可。这个观点是十分值得怀疑的，因为教育和基础设施的一系列特点使其如果只依赖个人经济，则势必会造成供给不足。对这两个领域的投资通常会对经济的其余部分产生积极的影响，即正外部性，尽管有时并不能得到恰当的分配。这个逻辑同样适用于基础设施，在收入分配机制使所有人都可以参与国家发展的情况下，多亏了良好的交通运输和通信技术，生产力才得以发展，每个人也得以从中获益。

较长的计划周期是教育和基础设施投资面临的另一个问题。对教育和铁路系统的投资可以为未来的四十年带来福利，然而这些投资在未来的回报是很难量化的。公共经济允许进行较长计划周期的投资，然而，个体经济则会避免这样的投资。一方面，政府处在进行长期投资有利的位置；另一方面，它们投资了大量的教育和基础设施项目，就算一些项目没有收益，政府也可以从另一些成功的项目中得到补偿。

公共物品和基础设施在多数情况下也属于自然垄断领域。在 20 世纪 80 年代市场自由全球化开始之前，政府应该管理公共物品的生产和服务，这是不言而喻的。而之后，由英国开始，在意识形态的驱动下，人们开始认为这些领域应该被私有化。考虑到几乎所有行业的经营都很惨淡，私有化的成本优势虽来自工资的削减和不确定工作量的增加，但实际的效益改善并没有发生，加之长期投资不足、物价上涨，政府不得不维持或增强更大范围的行政能力来控制这些领域的私有企业。另外，公共服务的价格应该设立在所提供服务公司的收入工作状况与社会总体标准相一致的水平上。由于私有化在各方面都表现欠佳，所以政府时常不得不反对一些领域的私有化，例如英国、新西兰以及美国加利福尼亚州的电力私有化，它们导致了物价飞涨和供应不稳定，另外英国铁路私有化也是一个失败的例子。

同时，也有在公共物品、外部性和自然垄断方面起作用的基础设施领域，例如电力供应、自来水供应和处理以及公路、铁路及其他公共交通，还有那些被各级政府管理的国有公司认为的最好的法律模式（尽管管理者可以将其转变为股份公司）。公私合营的模式受到一定程度的批评，因为这样的模式保证私人合营者可以获得收益，而风险则由国有经济部分承担。一个大型的国有企业在改变基础设施发展模式，使其倾向绿色发展的过程中可以起到重要的作用，因为它有能力制定一些关键的技术决策。

第二节　稳定的政府收入来源

为了避免社会不公平现象的持续发展，一个良好的所得税制度是至关重要的，在这种税制下，高收入者必须为其额外收入缴纳更多税费。一般来讲，世界上大多数国家的税制都有这个特征，如果收入不再分化，那么所有形式的收入都应包括在税制中，而且应以相同的方式收税，此外，政府还应采取果断行动来控制偷税漏税现象。随着收入回报的政治压力增加，最高所得税率毫无疑问会上升到市场自由全球化之前的水平，即最高所得税率将超过 50%。如图 7.3 所示，从 20 世纪 80 年代市场自由全球化开始以来，最高个人所得税率是被降低了的。减轻税负和利用高财政赤字压力减少开支是保守政府通常会采用的政策，罗纳德·里根时期的美国税收政策就非常符合这一点。另外，全球的税收竞争也会降低所得税率。总之，从 20 世纪 80 年代以来，大多数经合组织的成员国在一个经济周期内的税收收入都未能弥补其公共债务的增加。

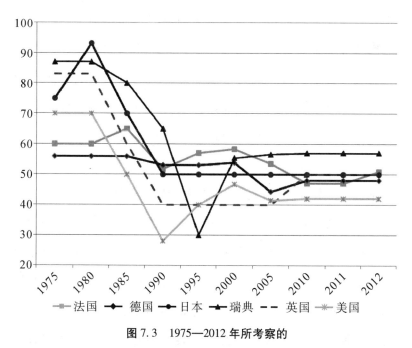

图 7.3　1975—2012 年所考察的

几个国家中高收入者的个人所得税税率演进图

在这里，我们更赞成美国的税收制度，在美国税制下，所有的美国公民，即使他们居住在国外，也有纳税的义务。因此，凡是美国公民，无论他们是否居住在国内，他们都可以在当时所在地缴纳所得税，而如果人们已在国外缴纳所得税，那么所交税收部分也应从国内应收税中扣除。

除了累进所得税，为了限制财富的不公平增长，对遗产所征收的定额税也是十分必要的。一个以个人成就为导向的精英社会是不允许人们不劳而获而通过继承遗产获得比他人更好的机会的。因此，对世界上大多数国家来说，遗产税率的提高也是十分必要的。较高的遗产税会对中型企业的发展产生影响，因为遗产继承者需要使用企业的流动资金来支付税费。一个可能的解决方法是，政府成为不能立即支付税费企业的不参与决策的合伙人，这样，从继承开始，政府便可以获得企业一定份额的利润，但是如果继承者可以自行获得资金缴纳税费，那么他们还可以将份额赎回。企业的正常运作不应因这样的原因而受到干扰。此外，免额税也可以在遗产税方面加以应用。

如果所得税制度可以公平地对所有形式的收入进行征税，而且遗产税也能够防止不公平的收入和资产增加，那么企业所得税就不再那么重要了。原则上，公司的利润或者在分配给股东的时候收税，或者在股东出售或遗赠时收税。在这种制度下，公司所得税会降低，以避免引起公共经济的资金不平衡和收入及资产的不平衡。较低的企业所得税也有利于加强企业资本的积累，降低企业对债务的依赖程度。

关于公司税制，主要的目的是构建一个可以促进投资的税收体系，由于创新以新生产资料为形式，并逐渐在经济和社会发展中发挥作用，因此，这样的税收体系也就变得尤其重要。如果公司可以获得减税的机会，那么投资应该能得到显著的促进。当然，这一政策也可以用来激励绿色科技和经济可持续的发展。

防止企业与国外母公司或关联公司合作，以通过转让定价减少国内应征税利润也是十分重要的。经济合作与发展组织已经制定了一系列规范来防止转让定价的滥用，其他的税收体系如美国的税务机构，也应该通过限制利润的转移，而不是高税率，对税收进行一定程度的规范来保护其课税基础。

抵制逃税的一个重要措施是禁止借贷、以及利用公司名称或其他特许权利申请税务减免，这样做能使企业难以逃税，更难只因税收原因就采用私募股权来代替普通股本。为了不使小企业处于极端不利的地位，如果贷款用于新投资，那么政府应该制定特别的规定以允许小企业借贷小规模资金。

本书介绍的经济模型是以不同人群的收入增长平衡为基础的，只要市场过度偏离这一理想状态，政府就应该通过税收对收入进行重新分配。但这其中一个重要因素是，政府要有能力对所有的收入进行有效征税，包括资本收入、租赁收入、自由职业者的收入以及平时的工资奖金等。然而，近几十年来，各个国家在这方面的努力程度却在持续下降。

税收政策也已成为促使企业向低税收国家转移资本和进行投资的一个关键因素，从这一个角度来看，税收竞争追求的是使企业的费用负担最低。一个国家只有使自己的企业所得税适应这一不断降低的趋势，才会处于对直接投资和生产选址竞争的优势领域，实证研究也证明了企业所得税和公司选址的关系。另外，国际税务竞争的一个主要部分也出现在了金融领域和公司的税收管理领域。

这里有一个从会计处理方式中分离出来的，能够保证企业利润在恰当的时候纳税最少的方式。通过将企业组织设置成最有利于实行税收优惠政策的结构，和在拟订合同及资产负债表时利用法律漏洞，这样，跨国企业和金融机构，例如私人股份公司等就可以将它们的纳税额降到最低水平。另外企业还可以通过在跨国公司内部借贷资金进行避税，同时，利润也会被转移到税率较低国家的财务公司。

避税策略的最初效果使基础设施发达国家的课税基础逐渐枯竭，因而也就不可避免地带来了更高的税负，特别是发达的工业化国家深受这些避税方法的影响，结果是损失了很多收益。税务竞争改变了税收结构，它对利润和利息收入使用更低的税率，提高了对工人的赋税，调整了类似增值税等间接税的征税方向。现实中，这意味着大型跨国企业赋税的减少是以中小型企业及其员工的更多赋税为代价的。总之，税收竞争对福利国家的金融系统结构和良好的资本主义模型产生了很多不良影响。另外，公司选址的竞争问题最终会危害到所有国家的利益，这一问题可以通过协调各个国家的利益来解决。但是，由于各个国家利益的分歧，一个共同的企业所得税协议是不太可能达成的。一个可能的协调方式是，至少在重要的工业国家，为企业和资本设定最低税率。最低税率可以在一定程度上抑制税率的下跌。对那些没有签订协议的国家所提供的帮助和给予的特权，要根据其在税收问题方面的合作程度而定。当然，只有在相关的评税标准协调一致的情况下，最低的企业所得税率才是有意义的，不过这样一来，竞争可能会从税率方面转移到免税和可能的税收冲销方面。

离岸金融中心和高度银行机密的行政辖区也为降低税率、洗钱和各种犯罪活动提供了方便和服务。这些中心集中在英属维尔京群岛、巴哈马群岛、摩纳哥及泽西岛等许多地方，它们使受到影响的国家遭受了巨大的税务损失。这些地区的税收政策原则上应该在整个欧洲层面解决，因为逃税问题影响了所有欧盟成员国，而不仅仅是个别国家。那些较大的工业国家，可以在全球税收的透明度和公平性方面对其他国家产生影响，例如二十国集团具有重要的集体性的政治和经济影响力。这对个别国家也同样可行，例如，个别国家可以限制或取消与那些不配合的离岸中心所开展的金融贸易活动。在 2008 年抵制瑞士银行集团的行动中，美国政府指出如何对这些国家和金融机构施加压力，瑞士银行曾捏造 200 亿美元账目逃避税务，在对这一行为的抵制行动之后，瑞士银行同意赔偿 7.8 亿美元，并且提供其美国客户的机密信息。

税收改变价格结构

无论何时，只要外部性发挥作用，价格就失去了向消费者和生产者发出正确信号的功能。为了改变生产、消费和科技发展的结构，将外部性加以内化是一个必要的政策。内化是指对所有污染环境及消耗不可再生能源的活动实行重税，例如，由不可再生能源产出的石油、煤油和电力等的税率应该显著提高，从而给企业以动力来改变其模式。考虑到由于没有客观的方式来计量外部性，因此这一税种的结构和范围应该由政府来决定。

环境税具有容易实行的优点，但缺点是很难判断实施的效果，例如，如果将汽油定价更高，那么私家车的使用次数将会减少多少却并不可知。污染权的交易或使用某些能源权利的贸易，其优点是固定了最大的消费量或污染量，例如在碳交易中，政府限定了二氧化碳及其他温室气体的最大排放量，每一个排放温室气体的企业必须在拍卖会上购买可以排放固定数量气体的许可。但是，污染权的价格会干扰经济，造成经济的不稳定。另外，碳交易还存在其他问题，从而使这种方法与良好资本主义的要求不相一致。碳市场完全采用量化机制，不会使过时的生产设备发生实质性变化；反之，在成本增长的竞争情况下，会引起南北方的对抗以及工人间的对抗。通过一个失败的市场方法来纠正市场失效是注定要失败的，然而我们相信，要求、规则、禁令、环境税、公共设施投资和科技发展一起可以带来根本的实质性变化，从环境税和污染权中获得的收益可以用于投资绿色基础设施建设或者支持可持续的科技发展。

税收也可以通过在其他领域的应用来改变企业行为，例如相对较高的股票流转税可以使短期投机变得更难，因而应该被政府加以使用。我们也支持对所有金融交易征税的综合性金融交易税，正如我们在金融市场那章所介绍的一样，金融交易税在提高税收收入方面的确有很重要的作用，但他们不足以维持金融市场的稳定。

政府应该发挥多大作用

关于公共经济应该占总体经济的多大比重有很多争论。在市场自由的全球化框架下，要求降低政府支出（以占 GDP 的比例衡量）和税收压力成为主流，例如，将政府支出降低到 GDP 的 40%，但就算是粗略检验也可以发现这种要求是武断且极不合理的。通过国际间的比较可以发现，一些非常成功的国家有着超过 50% 的政府支出，例如斯堪的纳维亚半岛的国家等，而另一些政府支出低于 40% 的国家，却持续面临着经济危机。值得注意的是，以市场为主导的国家有着相对较高比例的政府支出，例如美国和英国。在发展中国家里，巴西的公共支出占 GDP 的比例相对较高（见图 7.4），而中国的这一比例则明显较低。但是我们应该了解，中国与表中的其他国家相比，人均 GDP 较低，而且发展较落后的国家也往往受限于公共资源的匮乏。

事实上，合理的政府支出比例应该取决于公共经济将要投资的项目以及投资项目的实际资金需要，决定这一问题的关键因素是公共经济投资中哪些项目会优于私人经济。正如我们已经提到的，社会中的许多活动有公共物品的性质，通过公共经济，大多数项目都可以获得比私人经济更好的运营。另外，关

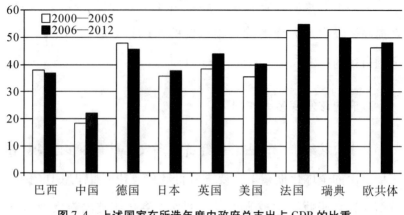

图 7.4　上述国家在所选年度内政府总支出占 GDP 的比重

于网际型产业，如水电供应或铁路，私人企业运营是否比国家
运营更有意义尚不确定。另外，过去许多私有化都是由思想意
识推动的，而不是依靠经济。此外，如果一个私有企业仅仅通
过降低工资和工作条件就可以获得更低的成本实现运营，那么，
私有化的社会价值是值得怀疑的。

　　如果人们与我们持相同观点，即公共经济应该通过提供公
共物品使中长期经济实现稳定且可持续的增长，通过基础设施
投资设定科技发展的指导方针，通过政府收入和支出干预经济
以实现切实的收入再分配并且在经济周期内发挥重要的稳定性
功能，那么，政府支出比例高于 40% 的可能要大于低于这一比
例的可能。成熟的工业化国家，为了大多数公民的利益采用生
态及社会可持续的发展方式，往往会出现政府支出和税收收入
占 GDP 较大比例的现象，甚至这个比例还有上升趋势。但是正
如我们已经提到的，政府支出的比例并不是目标本身，而只是

公共经济必须履行的一系列职责的结果。

第三节　不只有自动稳定器

完善的社会保障体系对于经济的稳定增长也是十分重要的。如果人们不必再为生活中的经济风险担心，从某方面来说，这将会使消费维持更稳定的增长。如果人们不必过多的为生计担心，那么他们愿意承担一定的财务风险，例如开办一家公司或者换一份工作，这些效果都有利于经济的发展。保障体系所"生产"的社会保障应该被视为一种公共物品，而私人经济不太可能提供足够的这方面的保障，另外一些基本风险也应该涵盖在社保体系中，即医疗、失业和老龄化等。

尽管金融系统比较稳定，但基于金融市场的社保体系仍然应该小心经营，养老保险在这方面尤其重要，单凭其大量资金就可引起金融行业的激烈竞争。养老基金的资本融资是指人们在年轻时共同或单独积累资产，在年老时进行消费，养老基金使银行和机构投资者作为基金管理人的重要性显著提高，只需看看美国就可以发现这一趋势。美国市场已有很多的养老基金，机构投资者是金融市场的主要参与者，而且对整个经济，特别是公司治理产生着巨大的影响。

19世纪，德国通过俾斯麦改革成为社保体系的领先者。德国的社保体系建立在如下基础之上，即要确保年龄、健康和工作地所带来的可能性风险能通过法定的社保制度得到缓解。基金只通过现收现付的机制来获得，换句话说，这是一个年轻人通过现在出资来资助老人的机制，这一条约设想的是一代又一代的年轻人为一代又一代的老年人提供养老基金。德国的这一机制，经历了一战之后的恶性通货膨胀，以及二战之后的货币改革，德国只将就业人员纳入这一契约，他们的工资与养老基金直接相连。然而，如果失业和就业不稳定的现象增加，从而使标准的就业关系链被侵蚀，人们向社保体系支付的现金减少，那么，德国在每代人之间形成的契约就将会陷入困境。正如斯堪的纳维亚国家一样，养老保险的支付者应该增加。

对于退休金制度，我们建议要求所有收入群体都必须购买养老基金，而且所有形式的收入都应该作为养老金缴款的基础，规定缴纳养老金的收入上限也应该是合理的。所有缴纳养老金的人们，在年老的时候都可以获得政府养老保险体系提供的退休金，这个制度可以发挥再分配的作用。对努力工作一生的人来说，最低的养老金应该足够防止老年贫困。随着领退休金人数的增加，政府会找到缴纳金额和退休金额之间的平衡点，从而由人口结构变化引起的退休金制度的融资问题也将得到合理的解决。

养老保险最终应该接近人们工作时期的生活水平，这并不是要求退休金与工作收入一样。退休人员要比就业人员的花费少很多，因为他们不再出行，不再购买工作服。另外，当人们年老时，孩子已经逐渐长大，不再需要为他们支付学费。因此，退休金一方面应该防止贫困，维持生活水平；另一方面也应该与年轻时所缴纳的养老保险金一致。我们并不支持为了追求生活水平而购买其他商业保险的机制。这些原则不应该只适用于有职业生涯的就业人员，也应该适用于由于个体经营、照看孩子或者失业而没有职业生涯的人群。

基于自由市场的观点来看，资本式退休金制度的吸引力在于资本市场可以从中获益，也可以在金融市场中为低收入人群提高收益；另一个吸引力是每一个人都可以将自己的命运与其联系起来。工作时期没有任何储蓄的人在年老时只能获得收入补助，如果人们的资产在一次金融危机中遭受损失，那么，他的生活将非常不幸，因此，人们应该更明智地选择投资组合。资本式退休金制度的一个效果是，它终止了如何通过政治手段在年轻人和老年人分配资源的讨论，而转而选择由市场分配资源。

在一个封闭经济中，年轻的一代总为年老的一代负责。在任何时期，社会都会提出这样的问题，即一定的社会产出一定要在年轻人和老年人之间分配，这对现收现付式和资本式的养老基金都适用。尽管资本式的体制不能解决这个简单的问题，但通过资本融资的方式，出生率较低的发达西方国家可以对出生率较高的贫穷发展中国家进行投资。这样，发展中国家也可以为发达国家的老年人提供养老金，从而减轻发达国家年轻人的负担。然而这种方法的效果是值得怀疑的，因为发展较快的发展中国家，例如中国有着与西方发达国家同样严重的人口问题。更重要的是，无法保证在 30 年或 40 年后，这些发展中国家能够或愿意进行支付，例如，2001 年阿根廷公开宣布其外债虚空。

我们认为一个以资本为基础的退休金制度不仅是反社会的，而且也是危险的。资本式退休金制度依赖于金融市场的瞬息变化，此外，退一步讲，我们乐观地估计将来不会发生重大的经济或政治变动，不会发生恶性通胀和货币改革，然而，在未来不确定的情况下，资本式退休金制度对于追求稳定的养老保险来说依然是十分危险的。

除了确定性的风险，在允许暂时性短缺和暂时性剩余的情况下，现收现付制在经济危机时期可以发挥稳定经济的作用，通过属于财政自动稳定器的机制，人们的危机可以得到缓冲，而且可以维持购买力不变。自由市场模型主要关注私人供给，且易受顺周期性的冲击，因此，如果资产价格和资产收入下降，那么试图通过资产增值来领取退休金的人就必须要减少其需求了。

欧洲大陆的国家基本都采用现收现付的养老金制度，他们应该明智地继续坚持这一体制，同时将其扩大到斯堪的纳维亚半岛。美国和其他采用资本式养老金体制的国家很难很快地转向现收现付体制，因此这些国家对养老金的投资应该受到更为严格的监管和限制。而对于类似中国的发展中国家来说，资本式的养老金制度是极其不适用的，因为这些国家比发达国家更容易受到各种经济冲击的影响。因此采用简单透明的现收现付体制应该是他们最好的选择。

医疗保险应该包括所有必要的生病成本，个人承担一部分医疗费用也是完全可能的。与养老保险一样，我们建议国家应该要求人们必须购买法定医疗保险。医疗保险应该涵盖每一个人，这意味着，每一个有收入的人都应该购买法定医疗保险基金，而且任何形式的收入都应该纳入法定医保中。尽管存在着缴纳保险金的收入上限，但医保同样也可以发挥再分配的作用。建立在强制缴费基础上的医保体制为其他私人保险留出了空间，各种法定医保基金可以在符合既定规则的条件下相互竞争。然而，值得注意的是，国家对医保领域的竞争利润是有限制的，如果医保基金通过改变保险的覆盖范围而相互竞争，那么，逆向选择理论告诉我们竞争将会使保险的覆盖范围持续缩小，最终只有那些确实需要某些保险的人才会购买，而这将势必会导致保险价格十分昂贵。此外，竞争还会产生这样的坏处，即保险公司通过争取健康的客户来追求最大化利润，而不是通过降低治理成本、削减行政成本和提供更好的服务来实现。因此，少量大型的医保机构应该比大量私人保险公司在为公众提供医疗保障方面提供更好的便利。

世界上的大多数工业化国家已经依照上述思路提供了医保。但美国是一个例外，在2010年通过《患者保护与平价医疗法案》之前的很长一段时间里，大约20%的美国公民没有享有医保。这个法案将在2014年前逐步被采用，届时大约会覆盖3 000

万没有医保的美国公民。

尽管 2010 年通过的医疗改革取得了一定的进展，特别是扩大了医保覆盖的范围，但这次医改仍然有一些不足之处，医改之后，仍然有近两千万美国公民没有获得医保。这次改革制定了过度复杂的卫生保健规章制度，使许多保险公司只为一个细分市场做担保，另外它也没有采取任何行动来防止保险公司以增加营销模式或者在吸引健康投保人的同时将真正的病人排除在外的方式相互竞争，并且此次医改也没有制止保险公司意图破坏监管规定的企图，以及以投保人的利益为代价增加自己利润的行为。因此国家最好应该包括一个"公共选项"，一个政府提供的作为"缺省选项"的医保计划，通过对私人保险公司征税，为慢性疾病患者和没钱看病的患者提供医保资金。

另一个重要的"稳定器"——失业保险可以减轻人们对临时失去工作的恐惧。我们认为，失业保险可以保障的生活水平不应该超过相应就业人群的平均生活水平。自实行该保险以来，人们很快就对这一制度的合理性产生了怀疑，长期来看，这一制度会逐渐损害健康的社保制度，从而产生不良的政治影响。失业保险所提供的生活保障可以位于较高的水平，但必须是合情合理的，在经济长期疲软的情况下，大量人群受到贫穷和不安全感的威胁，从而被迫使用失业保险，但应该予以避免的是这种危机只靠通过持续支付失业救济金来消除。在萧条时期，这个问题也可以通过延长失业救济金的发放时间来避免，美国通常就采取这种做法，尽管美国并没有十分完善的社保供应，但其失业保险仍然有一些非常合理的特点。一方面，失业救济金发放时间的延长是自动规则的具体实施；另一方面，自20世纪70年代开始，每次萧条时期，国会都会增加失业救助的补偿时间。与大多数发展中国家一样，中国的失业保险还处在胚胎阶段，由于非正式工作的庞大比例和农村大量的剩余劳动力，统计中国的失业率是十分困难的。因此对中国来说，最好的政策是为所有正式工作的就业群体提供基础失业保险，以及减少非正式就业的比例。欧盟采用欧洲失业保险是非常合理的，在这种体制下，所有的欧洲从业人员都必须参加基本的保险项目，失业人群将基于失业前的收入，获得来自布鲁塞尔的失业救助。除了基本的保险，各个国家还可以提供其他保险，这种机制可以防止经济周期的扩散；如果一个国家的经济很繁荣，更多的钱将会流向布鲁塞尔和发展不太好的国家，这也可以保证，个别国家在经济发展缓慢的时期出现财政预算压力，不必减少人们的失业保险。最后，基础的欧洲保险体制可以提供最低的失业保险，防止社会保障的"逐底竞争"，另外，欧洲失业救助只被欧盟成员国采用，因而也会对欧洲一体化作出贡献。

第四节　"自动稳定"之外的目标措施

在经济低迷时期，政府可以在短期内实施积极的财政政策来扩大宏观需求，甚至可以对抗自然灾害等不可预见事件。经济低迷时，政府支出增加、税收减少，当然，在经济复苏时期，赤字会减少，因为财政赤字应该在中期达到平衡，政府支出引起的债务持续增长既不利于持续发展，也不是人们所乐见的。当可以产生直接的现金流时，政府毫无疑问会贷款投资，经典的例子是政府会投资架桥，并收取过桥费。一般来说公共投资是很难衡量的，是否会有确定的回报、回报期限是否很长等这些问题也是不可预知的，由于这些类型的投资都很难评估，因此政府只能通过税收为其融资。

近年来，许多国家的政府债务都有明显的增加。美国的公债总额在20世纪70年代早期是45%，到2012年末已经超过110%（净债务为84%）。在同一时期，德国的公债从20%增至90%（净债务大约为60%），日本债务从40%增至220%（净债务占135%），英国则从70%增至将近110%（净债务大约为85%），2012年欧盟的公债大约是90%（净债务将近75%）。这些数据均表明，在自由市场时期，尽管有保持预算平衡的想法，但公共经济部分并没有以合理的方式获得融资。这与20世纪70年代开始的经济不稳定有关，当时政府不愿提高税收来覆盖其经常性支出水平。中国的政府公债低于20%。然而，中国的国有银行体系可以用于财政刺激，而且接管发达国家某些政府的工作，例如，中国的银行系统长期以来为社保制度提供资金，而过去社保制度是在公司层面的，累积的不良贷款可以被视为准财政赤字。

在 2009 年到 2010 年的次贷危机期间，美国、日本和中国都大幅增加财政赤字（从占 GDP 的 8% 提高至 10%）来稳定本国经济。而德国却并非如此（财政赤字低于 GDP 的 4%），由于其较大的经常账户盈余，德国应该发挥其在内外部的影响力进行财政刺激，从而稳定欧洲经济发展，并调整欧盟经常账户的不平衡。从 2011 年起，英国以及处于欧元危机的国家都在努力大幅减少财政赤字，然而，从许多国家疲软的经济表现和再次的经济萧条可以发现，对次贷危机后的经济复苏来说，缩减赤字的举动为时过早，依靠缩减公共债务占 GDP 的比重来弥补过去几十年财政政策的错误似乎是一个不明智的举措。

政府对公债占 GDP 的比例没有明确的界限，然而，高债务对经济发展会产生一些负面影响。首先，高债务会导致更不公平的收入分配，如果税收制度没有对基于市场的收入分配进行充分干预，那么高债务就会使收入从穷人转向富人。其次，当利率显著提高以及公债占 GDP 的比例较高时，利息支付和财政赤字会不断积累，直到政府无法负担。因此如果公债比例持续提高，那么政府的调控空间就一定会不断缩小。再次，高债务比例会消磨人们对政府偿债能力的信心，导致风险溢价消失，人们甚至会拒绝为政府筹资，自 2010 年以来，希腊和其他欧盟国家就处在上述的困境中。最后，如果私人投资停滞不前，那么财政政策将无法长期推动经济发展。凯恩斯认为，财政政策不是解决长期经济停滞的优选方法，而政府对公共和私人投资的调控则会起到比传统财政政策更显著的作用。

现在，我们来讨论高债务带来的政治问题。国家领导很难接受人们不再为政府提供资金，因为这会影响重要的政府职能的发挥。在这种情况下，政府只能强制中央银行（或者强制中央银行资助的商业银行）为政府贷款，因为采取印钞票并将其投放市场的方式会侵蚀本国货币的稳定性。其他摆脱高债务的政策还包括货币改革和对货币财富征收重税，我们不再争辩这种发展方式是否难以避免，因为在高债务的情况下，由于政治原因，我们已无法避免此类发展方式。

欧盟曾尝试采用一些制度来防止预算赤字或公债比例的增加。其中，影响最为深远的当属 1992 年颁布的《马斯特里赫特条约》，以及 1997 年为防止高预算赤字所采用的《稳定与增长公约》。其中，《稳定与增长公约》成为欧盟各成员国制定财政政策的基础。公约的本质在于，除了处于特殊时期（例如经济衰退或自然灾害等）的国家之外，其余国家的预算赤字不应超过 GDP 的 3%，同时，总公债的比例不应大于 GDP 的 60%。那些不遵守公约条款的国家会被罚款，这种处罚形式会迫使这些国家遵守规定。进入 2005 年，在没有改变实质的情况下，欧盟也适度放松了公约的要求。

基于类似的概念以及罗纳德·里根时期巨额赤字对经济的影响，美国政府通过了《平衡预算和紧急赤字控制法案》，以实现保持预算平衡的目的。如果赤字超过规定数额，它们会自动削减政府支出。然而，1986 年的支出削减被认为是违反宪法的，因此，在 1987 年又对这些法案进行了修改。

　　不论是美国还是英国，由于预算赤字并没有按照规定足够降低，因此政府都违背了这些法案。这些法案的其中一个问题是，在经济繁荣时期，政府不必强制降低预算赤字至规定的水平，例如，稳定及增长公约规定的 3%，而在经济发展缓慢的时期，预算赤字会高于 3%。公约的缺点还表现为政府必须实现一个很难控制的目标。预算赤字在很大程度上取决于经济的发展。在经济衰退时期，随着税基的缩减，税收收入将会下降，同时，失业救济及其他方面的支出也将增加，从而导致预算盈余的来源减少和预算赤字的增加。从理论上来讲，在这种情况下，改变税收制度可以增加政府收入，而减少政府支出则可以降低预算赤字。然而，这种政策代价极大且不为人们所乐见，因为降低预算赤字的政策会减少总需求，使经济发展更缓慢，降低税收收入则会产生新的预算缺口。因此，以会引起经济危机的方式来维持预算平衡，这并不是明智的选择。

　　尽管预算法案有一些负面效果，但德国仍然在这一方面不断进行着新的尝试。德国政府在 2009 年将《平衡预算法案》加入了宪法，这一法案规定，自 2016 年起，政府的财政赤字在一个经济周期内超过 GDP 的 0.35% 将被视为违反规定；自 2020 年起，德国政府财政赤字要在经济周期内完全维持平衡，即没有赤字。类似的规定也开始在欧洲执行，政府采用"六项规定"和"财政协议"等新预算规定，前者指六个可以加强预算监管和调控的立法项目，后者则指一个欧洲各国承诺维持预算平衡的多边协议。这些新的法律和条约比稳定与增长条约更加严格，旨在将预算赤字在中期时降为零，因此这更接近于美国的《葛兰姆法案》，人们无需过多想象即可猜到德国维持预算平衡的法案也极有可能失败。

美国的《预算执行法案》（1990年至2002年）取代了20世纪80年代失败的财政法案，这一法案不再限制财政赤字，而是控制公共支出，并且区分了有法律约束力的支出和可酌情处置的支出。根据法案，可酌情处置的支出只有在严格监管的情况下才有可能增长，可酌情处置支出的增长以及税收的减少都会使政府资金减少。预算执行法案中可酌情支出的稳定性促成了一个反周期的财政政策，政府不必在萧条时期减少支出来满足预算要求，因为政府对财政赤字不再有限制。因此，政府在萧条时期伴随着高赤字，然而，在经济增长时期，增加的税收收入不会导致更高的支出，因为政府支出必须符合规定。不过，在衰退时期，出现类似自然灾害等特殊情况时，支出规则允许额外支出来稳定总需求。

财政政策和货币政策应该以灵活的方式稳定总需求和经济发展，尤其是控制财政赤字的规定如果对历史发展的反应过度缺乏敏感，那么其政策也一定不是最优的。如果一个国家想要为预算平衡制定财政政策，那么最好设置一定范围的可酌情处置的支出，这一支出可以独立于经济周期，每年在一定比例内增加，这样，财政赤字就可以在一定范围内波动。尽管较低比例的政府支出更为人们所乐见，但对中央政府来说，这些举措会给财政政策带来限制，而且也不是明智的方式。

欧洲的财政政策是极其不恰当的，不过，有许多方法可以解决这一问题，其中一个方法是使欧洲各国的财政有更高的预算，拥有税收收入，行使更多职能。如此一来，对欧盟体系或者更小范围来讲，欧洲货币联盟体系就可以通过公共支出或来自中央财政的税收对个别地区的需求产生显著影响。类似一个国家内的区域财政再分配制度一定要建立，欧盟希望可以通过中央预算调控经济发展的起伏。通过这种方式，欧元区的财政政策才会更接近传统的联邦国家，例如美国。

长期来看，经济改革是十分必要的，然而，在现有的欧洲经济政策结构下，很难找到合适的改革模式。由于经济危机会不定期发生，因此如果没有欧共体的存在，各成员国将如何自主制定财政政策来抑制经济滑坡，便显得极为重要。同时，一国的财政政策也会对其伙伴国家的利益产生影响，一个货币联盟成员国的破产会通过银行系统对所有货币联盟体系中的国家产生冲击。为防范紧急连带情况，《马斯特里赫特条约》中的"不救援条款"基于欧洲各国紧密合作的经济现状之上被提出。在这一条款下，货币联盟中的国家不必为个别成员国承担债务，例如在 2010 年决策者努力救援希腊以及欧洲金融监管系统为其他欧元区国家提供流动性便利时，这一条款就体现得非常明显。现有的《稳定与增长条约》旨在将财政赤字控制在 GDP 的 3%以下，新规定的目的在于维持稳定的预算，但两者都没有为这一问题提出解决方案，因此未能避免类似爱尔兰和西班牙的财政问题，这两个国家在危机前都有稳定的财政收入，处于财政盈余的状态。但随着危机的爆发，政府收入减少，为救助银行系统，政府支出增加，两国的债务比例显著提高，而现有的稳定与增长条约却完全忽视了一部分私人债务在危机时期应该由政府接管的问题。

欧洲货币联盟只有进行深远而根本的整合，建立具有强有力的中央政府联邦体制，将各成员国转型为联邦国家，才能存活下去或实现繁荣。正如鲁比尼和斯蒂芬·梅姆（2010）所说："没有货币联盟可以在没有财政和政治联盟的情况下存活"，几乎在所有领域都需要整合——财政政策、税收政策、基础设施政策、工会制度、最低工资制度及其他各个领域。没有国内机构的改革，欧盟或欧洲货币联盟政治能力的集中是无法想象的，这一计划要求欧洲议会选出一个合适的欧洲政府，尽管过去几年已经积极展开了整合，但是一些欧盟国家，甚至在欧洲货币联盟的国家，直到现在仍然不愿进行整合。因此，任何有意义的计划都需要几十年才能完成和实现，对欧洲来说，唯一现实的快速整合方法就是不同国家按照不同的速度整合，例如，首先在欧洲货币联盟体系中的核心国家进行经济和政治的整合。

总之，在过去的 20 年里，大多数工业化国家政府职能的缺失导致了个体经济以及世界经济严重的不稳定。因此，政府的作用不应该只限定在制定规章政策方面，公共经济也应该有更大的范围。如果没有公共经济参与，一些市场就无法保证重要物品和服务的充足供给，通常，这并不是关于制定政策或设定界限的问题，而是政府直接参与市场或积极进行再分配的问题。

就像政府不能阻止持续增长的公共债务一样，这些政府活动也不能通过税收和其他稳定的政府收入来获得持久的融资，如果西方国家没有抛弃税收增长的巴普洛夫条件反射，赤字也不可能发生。一个有力而稳定的政府需要稳定的收入，并且这一收入只能通过广泛的税收，以及最高边际税率接近甚至超过 50% 的所得税制度来得到保证。一些经济学家认为这种税收制度会遏制经济增长的说法是无法得到实际数据支撑的。但如果政府使用其权利来鼓励对教育和研发的投资，同时预防经济低迷和危机，那么经济和福利长期来说就将会变得更好而不是更差。除了政府活动对经济的直接影响外，我们也不能低估政策对个别重要市场的作用，例如劳动力市场和金融市场。在接下来的两章里，我们将介绍这些特定市场，并解释如何控制市场力量来构建更完善的资本市场，这将明显有助于提高大多数家庭的生活水平。

第八章　劳动力及工资再定价

伴随着自由市场的改革，在过去的几十年里，许多国家的劳动力市场经历了激烈的管制解除，从而致使多数工业化国家面临薪资差距增加、收入分配不均增加、危险雇佣关系增加以及名义工资可能跳水的危险。在我们看来，把高失业率主要归咎于劳动力市场的刚性需求不足是不正确的。我们认为高失业率及未能充分解决该问题的首要原因是商品市场的需求问题。因此市场自由全球化的一种结果就是造成了劳动力市场的长期萎靡。这一问题存在四个非常重要且相互影响的因素：一是许多发达国家私人家庭或公共企业中高负债的影响作用，多数情况下还包括企业家更加谨慎的投资行为以及金融机构更具风险偏好的行为。这些因素使正挣扎于新老不良贷款中的金融系统土崩瓦解，且将有可能长期维持对生产资本的低投资。二是发达国家中不公平的收入分配和不稳定的生活环境也将限制那些需要靠收入支撑的消费行为的扩张。同时，与过去相比，信用消费也将更加难以实现。三是市场尚没有显现出能独立解决经常账户国际收支不平衡问题的趋势，这可能会导致新的严重危机。四是如果全球绿色新政不能尽快有所发展，那么全球变暖及资源短缺很可能会给 GDP 的增长带来沉重的负担。

在这一章里，我们首先关注工资发展的宏观经济需要，然后探讨如何加强劳动市场制度，最后再对美国、欧洲及中国的劳动市场改革发展的情况加以简要概述。

第一节　宏观经济需要工资发展

虽然劳动力市场不能自发产生雇佣需求，但它却能在维持经济稳定、经济增长及就业中发挥重要作用。一方面，收入分配和与之相关的消费需求受到工资结构调整的影响；另一方面，劳动力市场不会出现通货膨胀或紧缩刺激，因为这会破坏经济的稳定，使货币和财政政策难以在促进经济稳定增长中发挥积极作用。

在第四章中，我们曾提到工资成本的发展在确立物价水平中占据着最重要的作用，为了使工资成为物价水平的名义锚，工资水平应当根据中期生产力及中央银行的通胀目标而逐步修正，这样一来，工资名义增长率就等于中央银行的目标通胀率。从统计上来看，生产力受商业周期的影响，因此，中期生产力的发展应该作为其权衡的标准。经济萧条时，公司不能也不愿以与 GDP 同样的降低速度减少雇佣，生产力也将随之降低，而当萧条过后，公司就可以一段时间内在没有增加劳动成本的情况下增加产量。世界上没有哪个中央银行希望发生通货紧缩，而全部都在尽力实现较低的通货膨胀，中央银行能够也的确有通过紧缩的货币政策和失业来对抗过度的工资增长，这些方法最终也确实能够抑制工资增长。然而，如果工资成本降低，中央银行就很难避免通货紧缩，1990—2000 年间的日本就是一个极好的例子。

工资差距扩大在经济上是不明智的，在公平方面也是不能接受的，例如极大部分工资增长发生在高收入人群中，而他们却在消费中占很小的比例。经济增长需要更加公平的分配，从而通过提高工资使低收入人群的消费增加。否则，消费者需求的充分增长只可能在那些工薪阶层的人负债越来越多的情况下发生，而在美国及一些其他国家发生次贷危机之后，毫无疑问要阻止这种情况发生。另一个原因也很重要，由于家庭总会为将来考虑，因此人们的工作和收入越不稳定，消费者需求就越低。基于这一原因，在过去的几十年间，许多国家的高失业和福利制度重组使得商品市场的需求趋于稳定和缓和。

收入分配也依靠工资的合理比例，近几十年来这一比例几乎在世界上的每一个国家中都出现了下降。这一重要事实反映出能够获得更高利润的金融体系的市场力量在不断增强。因此想要使经济稳定增长，工资比例就必须再次提高，这将通过金融市场改革率先发生，另外税收制度及公共事业支出等政府政策也应在创造更加公平的收入分配中发挥相应的作用。

第二节 加强工资议价和确立最低工资制度

在劳动力市场中，市场理论机制是不起作用的。劳动力市场的价格单一由供求决定时，失业会导致工资水平降低和通货紧缩。弹性工资除了会导致极端的工资差距外，也会造成通货膨胀和通货紧缩的波动。这就是为什么世界上没有任何一个国家的劳动力市场会完全依靠市场来加以调配。

劳动力市场制度必须确保工资增长率维持在中期生产率及目标通胀率上下，具备关于薪资发展宏观经济知识的劳资谈判代表有最好的机会来获得符合以上要求的有效工资政策。但是具有争议的是，力量强大的工会总是靠损失非会员的利益来获得工资增长，如果是高会员比例的工会则会损失失业者的利益，但是这个争议在实践和理论上都是站不住脚的。事实上，从国家层面上考虑工资谈判的工会总是专注于调整工资谈判协议以使其趋于稳定。由于工会明白这一点，因此在工会提出增长工资的要求时，中央银行将提高利率，使他们没有动力创造更多需求，这在根本上会损失就业、经济增长和工会成员的利益。同样，订立一个会导致通货紧缩的工资协议也是令人不愉快的，工会与雇主组织进行工资商议时，也应将公司利益考虑在内。

在某种情况下，行业层面的工资谈判也能使宏观经济的工资水平维持稳定发展，例如当一个行业带头作为工会和雇主组织的代表，制定一个考虑到宏观需求的试行协议，然后普遍被所有行业采用时，此时这些行业的工资水平就有望保持稳定增长。尽管没有全行业适用的协议，但是如果谈判中考虑到宏观经济情况，关键企业的劳资谈判结果也会对整个经济有基准作用，并使工资情况稳定发展。政府应当支持所有能够使工资协调发展的制度，作为得体工作议程的一部分，国际劳工组织推荐采用工会、雇主组织及政府间的三方协议，以商讨工资相关指导方针以及其他与工会、雇主相关的重要事项。这一系列的制度改革和政策均有助于提高集体谈判的力量。尽管并不是所有改革方案都适用于任何一个国家，但是国家之间却可以相互借鉴。一个能够加强全行业集体谈判的稳健工具是雇主组织中的义务型企业通过统一各个部门工资，从而在劳动力市场中建立公平的竞争。管理者一门心思想要降低劳动者工资是不具有持续性的，而如果公司中的各个部门都有相同的工资水平，那么管理者就会把重心转向开发新产品、提高客户关怀或引进技术以提高生产过程上。如果雇主组织中的自愿成员不再保证全行业统一工资水平的话，那么义务性的成员就是确保与雇主方相关交涉的一种方法。此外，雇主组织还有其他重要作用，比如提供培训，这也具有公益事业的性质。义务性成员会确保工资协议自动运用于所有企业。奥地利就是个不错的例子，其以更为经济化的形式，覆盖了100%的劳资集体谈判。另一种途径是普遍捆绑劳资谈判。在欧洲许多国家，劳资协议覆盖（即受到劳资协议保护的职工占全部职工的百分比）已经通过频繁的宣告捆绑而得以扩张。

另一种支持劳资谈判的措施是只给那些制订了劳资合同的公司签订公共合同，该措施也包含其他条件例如是否提供培训。

在许多国家，解除劳动市场管制以及由此解除常规全兼职雇佣的趋势一直在继续。由于并不是所有的雇员都加入了社会保障基金，所以这种雇佣关系破坏了法定的社会保障制度，而且解除常规全兼职雇佣会导致贫困老年人的情况更加严重。只有在可以使全兼职雇佣不同于常规情形的特殊情况下，这些政策才是可以获得支持的。

在我们看来，对于不同公司相同部门和地区的相同工作付不同工资的做法是没有经济意义的，这扭曲了公司间的竞争，在经济上也是不可行的。的确在一些公司可以通过低于平均水平的工资来减少某部门的生产，从而使就业率得到一定程度的上升。但是，部门内不同工资的消极影响远高于减少总生产带来的利益。如果支持个人企业真的有好的原因的话，那也是国家的任务。

利用最低工资是劳动力市场的重要手段。第一，它可以作为阻挡通货紧缩危险的大坝，从中期甚至长期来看，失业率仍将居高不下。考虑到许多国家的工会和工资议价机制都存在弱点，以至于很难阻挡工资水平的降低和通货紧缩，因此最低工资可以在对抗通货紧缩中发挥重要作用。第二，法定最低工资能改变工资结构进而改变收入分配。最低工资应当根据该国家的生产发展趋势及目标通胀率而做出调整，这样它们就能够有助于通货紧缩情况下的名义锚。如果某国平均工资增长过快超过工资标准，应调整最低工资来增长平均工资，原因是公平分配不能在假定的抗击通胀过程中被破坏。如果某国工资结构改变，最低工资应比平均工资变化得更快或更慢，这是政治决定的。在美国，基本生活工资变动决定最低工资，也使一些地区和当局的法定最低工资大大高于国家层面的法定最低工资。最后，法定最低工资和收入补助间须有明显区别。在我们看来除了造成不公平外，如果通过补助得到的可支配收入等于甚至高于全职工作的收入，还会造成不利的动机。

1999 年，英国在托尼·布莱尔的工党政府领导下成功引进了法定最低工资制度，从而为年度调整提供了典型。调整建议由底薪委员会分配，委员会包括工会及雇主代表和独立的专家。专家一方面为讨论提供专业知识，另一方面也对委员会发挥了潜移默化的影响，如调整建议尽管是最新成果但也在事实上被政府采纳了。有关法定最低工资的常见争议在于它们的引进和增长造成了低工资行业的大量失业，从经验上来讲这个争议是没有道理的。因为法定最低工资的提高增加了底薪人群的收入（这部分由高收入人群承担），从而能够刺激总需求的增长。事实上通常低收入家庭比高收入家庭更具有消费倾向，正是出于这个原因，政府更期盼增加就业。

第三节 个案研究: 美国、 欧洲、 中国

美国

我们再次先由美国说起。从 19 世纪 80 年代起, 工资水平的增长或多或少伴随着生产力的增长以及差不多 3% 的通货膨胀率, 这非常有助于货币政策的实施, 一定程度上也解释了美国经济从 20 世纪 90 年代到次贷危机之间相对良好的增长表现。然而, 工资水平的增长并不是调整工资议价机制的结果, 而只是靠运气, 美国需要做的是重建能发挥作用的协调工资议价机制体系, 这并不是简单回到《底特律条约》就可以实现的, 首先需要得到政府的支持。

市场自由改革开始后, 薪资差距的发展简直是个灾难, 美国急需一个政策来减少低工资行业, 增加低收入群体的实质工资是改变美国不平等收入分配的重要环节, 也是资本主义自由市场中重要的社会、经济问题之一。由州级甚至市级的最低工资政策为补充, 中央政府出台的积极最低工资政策将是行之有效的。除了最低工资政策的快速实施, 加强工会和雇主组织的政策以及工资议价过程应当是中长期的政策目标。随着罗纳德·里根当选, 市场也发生了诸多巨变, 而这就需要加强制度

建设来进行调整。超高收入人群、活跃在金融或其他领域的精英群体通常都是靠运气得到现在的地位。与 20 世纪 80 年代早期里根的税制改革之前相比，高边际收入税率还有很长一段路要走。

欧洲货币联盟

欧洲货币联盟在劳动力市场中正面临着严峻复杂的局面。工资应按照生产力趋势及中央银行目标通胀率发展。总体来说，欧洲货币联盟或多或少地实现了该目标，但与此同时欧洲货币联盟各国的中期生产力发展差异还是很大，而且没有缩小的趋势。让我们看一下从 1999 年到 2008 年平均每年的生产增长率，从 1999 年欧洲货币联盟开始至 2009 年创作本书时，较低的 GDP 增长和经济萧条使生产力增长无法被正确地统计和测量。这期间欧盟 15 国的生产率增长在 1.3% 左右。意大利年平均生产率增长低于 0.4%，葡萄牙也很低，西班牙甚至更低；与之相反，芬兰、希腊和爱尔兰的生产率增长趋势却明显高于欧盟 15 国的平均值，而奥地利、法国、德国及荷兰的生产率增长在平均值左右。鉴于如此巨大的差距，欧洲货币联盟国家的工资水平应按照各国的生产率增长和欧洲中央银行的目标通胀率而进行调整。如果欧洲货币联盟国家都遵守这项准则，那么联盟内各地区的价格竞争力都不会有变化。然而工资增长却不遵守这项准则，德国工资增长极低，尽管西班牙和葡萄牙生产率增长较低，工资增长却远远高于德国。

德国首先需要提高工资增长率，应连续多年以比工资标准更快的速度增长工资。欧洲货币联盟国家中经常账户赤字较高的国家，比如希腊、葡萄牙和西班牙应在一段时期内谨慎增长其名义工资，为了避免联盟内部分地区的通货紧缩，需通过相对大幅增长经常项目顺差国家的实质工资而不是减少赤字国家的单位工资成本，来实现竞争力的调整。欧洲国家特别是欧洲货币联盟国家应该进行制度建设，没有长远的广泛融合，货币联盟很难存活，进一步融合需要包含欧洲货币联盟财政政策的发展和工资协调的发展。目前还没有整个联盟范围的工会和雇主组织，至少在某些环节达到欧洲货币联盟水平，目前朝这个方向已经有所发展，但还不够，这是有风险的事情并且需要创建新的制度来加以支持。短期很难实现欧洲货币联盟内工资的协调发展，但是在美国，最低工资政策能发挥重要作用。可见，协调的最低工资政策可以促进德国等国家的工资增长。

德国还没有普遍的法定最低工资政策，然而，政治争论却显示（从 2013 年 4 月起）德国可能将实施法定最工资制度。没有哪个工业国家像德国这样迫切需要引进足够高的最低工资制度。德国不得不克服劳动市场的双重难题，一种可能性是需要申明捆绑同行业所有公司的工资谈判会带来的结果，无论如何都不允许危险工作的劳动市场制度是非常重要的，即使它在减少薪资差距的同时也减少了德国外包的吸引力。

中国

中国需改善劳动力市场制度。中国有法定最低工资，这种方法可以快速减少工资差距，在中央层面可以实施统一最低工资制。然而，如果在生产水平差异极大的不同省份之间采取全国统一的最低工资，那么这一工资水平将非常低且对发达省份来说是毫无意义的，这就说明最低工资需要高于国家层面并根据省份的具体情况来修正。独立的第三方工会、雇主组织、中央政府以及地方政府应通过一种透明的方式探讨最低工资制并向政府提出建议。最低工资制特别是在劳动市场制度不健全的农村有两个作用，它不仅能减小薪资差距还能给工资的发展指明方向。在中国，尚不明确最低工资制起什么作用以及应该起什么作用。最好的模式似乎是：工资议价制度决定了普遍工资的发展；法定最低工资制度特别是在行业工会中从下限定工资水平；雇主组织则发挥着较小的作用。这就引出下一个问题，中国当务之急是要建立涉及各个行业的工资协商机制来减少分散的工业不稳定因素。公司层面的工资和劳动条件协商需迅速开展，以赋予现有工会新的作用。重点是工会能够向管理部门显示出他们的作用，同时，工业行为得以实现的可能性是支持工会最好的方式。在中期内雇主组织应获得支持以便为全行业协商提供条件。雇主组织还有许多作用，例如，支持职业培训、共享管理技巧等。公司层面的工资协商如果过多模仿微观经济逻辑就会导致不良的工资发展，比如突然高增长又或是一段时期的过低增长。因此，行业内的工资协商甚至国家层面的工资指导需上升到政策，从而让工资制度帮助经济实现稳定的发展。

另外在中期内，中国需要减少工作状况危险的部门和非正式的部门。这里劳动市场制度起着重要作用，当然社会福利体系的实施对提高生活质量和保证大多数人福利还是很关键的。所有朝这一方向发展的政策都能缓解不平等状况且对国家长期表现有利。中国的领导人十分了解本国劳动市场的问题并着手开始相关改革。这些发展势头一定会得到加强。

第九章　全球金融需要全球化管理

　　构建一个合宜的资本主义制度，包含货币政策金融体系的改革是一个根本的着力点。由金融体系推动的动态资本主义生产力是空前强大的，然而它也是构成经济不稳定因素的主要来源。最近发生的引起大量媒体争相报道的次贷危机正可以充分说明这一点，而这只是自资本主义制度建立以来发生的一系列数不清的金融危机中最近的一次。然而，针对不同的具体情况和制度条例，出现了高度稳定（二战后的 20 年）和高度不稳定（19 世纪 80 年代后的自由市场全球化经济）的两个时期，因此，在对资本主义的未来走向进行讨论时，就很有必要去比较当时经济与这两段时期的相异程度，而且需要将各个方面都加以考虑。金融市场固然考虑了诸如银行和金融机构的监管不足此类的问题，但也有必要深究诸如汇率、全球资本流动、金融市场对公司治理的影响等其他因素。在这些经济领域找到合理的标准是构建健全资本主义制度的第一步。在这一部分我们主要对上述内容加以介绍。

第一节 重构金融体系

自从金融危机爆发以来，狭义的金融体系改革引发了大量的争论，也成了政治家们为防止未来经济危机而做出重大举措的领域，然而一些经济学家如海曼·明斯基、罗伯特·希勒、约瑟夫·斯蒂格利茨及鲁里埃尔·鲁比尼等，却一直坚称正是金融市场监管的缺失导致了诸如股票和房地产市场的泡沫、信用不稳定的扩散及由此引发的信贷危机、经常项目的严重失衡、国家过度负债和全球金融市场危机等，这些问题也同样被与他们观点不一致的同行们所认同。美国的次贷危机也向政治主流社会（如果不是学术主流社会）传递了这样一个信息——金融市场监管严重不足。过去几十年的金融市场危机对于经济实体所造成的代价是相当巨大的，此次次贷危机更是达到了一个新的难以置信的高度，因此没有金融体系的根本性改革，得体的资本主义制度终将是空谈。在这一点上，一个稳定的金融体系可以被认为是一个好的公共品，政府必须站在公众的角度，以规章制度的形式提供这样一种公共品。2010 年夏天，美国颁布了《多德—弗兰克华尔街改革和消费者保护法案》。同年不久，欧洲也通过了对冲基金管理办法、金融市场监管条例及其他许多新的金融市场管理办法。这些事件均折射出各国政府在限制金融体系的影响方面正在做出巨大的努力。但是人们在评价最新颁布和修正法案的细节之前，首先必须决定我们需要做什么来将金融体系由残酷的股票市场持续地转换为能为其余经济实体提供帮助的服务者。

宏观经济层面的金融市场管制

过去几十年里，金融市场监管改革所遇到的一个根本性的问题是，监管当局包括大部分经济学家在内，仍旧坚称在一个高效的市场经济环境里，规章制度被认为是最不需要的。在极少数情况下，市场以全能且完美的方式运行的观点不被完全接受，微观经济体的稳定会自动带来宏观经济体的稳定是现有规章制度的基本假设。由于这些错误的判断，类似资产市场泡沫、负债率攀升所引发的整个经济体不断脆弱、各个经济板块和国家的过度负债等很多宏观性的问题都被忽视了。

因此，转变对规章制度的理解是构建更好金融体系的第一步，只有这样，更多宏观经济问题才会被关注。宏观导向要求金融体系以宏观方式进行监管，这样一来它可以为公司和企业提供服务和支持。为了检验金融机构的健全程度，监管机构必须重新审视其商业运作模式，因此，金融机构必须披露相关信息。在这个过程中，监管机构对那些主要甚至全部依赖投机活动的金融机构有更高的资本充足率要求，在极端情况下，甚至会完全禁止其投机行为，那些鼓励风险极大的短期经营策略的激励制度应当被禁止或者受制于更高的权益资本要求。

监管机构在将来的运作中应当在财力和人力方面提供更多的资源支持，为了充分地审查金融体系中的复杂活动，必要时应根据需要提供改善方案，合格的员工是必不可少的。因此在这一点上，监管机构应有充分的自由来质询相关交易，不仅在违反法律时，也应包括那些即使交易严格满足要求但却违背监管精神的情况。因此，除了微观导向的检察人员，监管机构还需要雇佣更多的宏观经济学家。

解散影子银行系统

构建稳定金融市场的第二步是要广泛推行公平和加强对金融市场的综合管理。不管在哪个机构或在哪种地点，运作方式不同的经济也必须受制于同样的管制条例。如果这样的思想不能付诸实践，那么制度上钻空子的行为就会出现，从而制度效果也将会大打折扣，银行和其他金融机构也就会自然地把他们的活动转移到法律或者监管较弱的地方。这一现象正是我们在过去几十年所看到的影子银行系统的发展过程，影子银行系统一部分出现在一些国家，一部分把交易转移到法律监管较弱的国家。一些监管相对严格的商业银行把高风险的活动，例如特殊目的的基金，外包给监管较弱的机构，这些机构中有些位于离岸中心，传统银行的地位由此下降，监管较少的或者不受监管的投资银行、投资基金和其他非银行金融工具不断发展壮大。这样一来，得益于金融市场具有内在稳定性的错误判断，不受监管的影子银行系统迅速地成长了起来。

鉴于上述问题，金融市场的改革必须一方面消除影子银行系统，另一方面让所有的金融机构受制于综合规章制度，而不仅仅局限于注册地的管理制度。正如我们所强调的，一个最基本的理念就是所有的金融运作，不仅仅是某些具体的金融机构，都应当置于监管之下。例如，要求商业银行必须满足资本充足率要求，特殊目的基金免除责罚会导致监管套利几乎没有任何效果。达到这一目标的方式之一就是禁止特殊目的基金和银行系统创造的用来避开规制的其他金融机构（开设在监管松懈的行政区的金融机构）的运作，另一种方式就是把一个金融机构的所有活动制作到一张资产负债表上并以此为基础来制定规章制度。当然，所有的金融机构，包括投资银行和特殊目的的基金，都应该受制于具体的股权资本规定，以此限制其通过借贷在整个经济体内所产生的杠杆作用。

与之相对应，对冲基金、私募股权基金和相似的非银行金融媒介的透明条款也应该相应得到改变，商业模式和日常交易也应该向公众、监管机构及投资人公开。国内机构与不受监管的离岸中心之间的交易应该被严格取缔或禁止，这种禁令可以单方面进行。对于美国、欧盟或者欧洲货币联盟来说，这种禁令的颁布不存在管理上的困难和经济上的损失，唯一需要的就是政治上的诉求。

最后，金融机构应当把商业银行板块从具有潜在问题及投机性更强的金融板块中隔离出来。从这一点来看，巴拉克·奥巴马的顾问——美联储前主席保罗·沃尔克的想法应当得到认同和赞扬。沃尔克建议禁止商业银行参加一定的活动，比如自营衍生品的交易和赞助、对冲基金的投资等。然而，沃尔克规则显然不足以用来严格防止投机性金融活动向商业银行蔓延，只要商业银行仍然可以给投机性金融机构贷款，那大型对冲基金或投资银行的破产就必然会使商业银行经营惨淡，并引发金融危机。因此，商业银行系统和非银行金融媒介的紧密链条需要被打破，方法之一是要求商业银行在给投资基金、私募基金和对冲基金等低监管高风险机构贷款时，持有更多的权益资本，尽管这会使得给这些机构的贷款成本更高。更激进的方法是迫使非银行金融机构自己融资，只能从个人投资者处获得资金，禁止商业银行为其贷款。无论如何，禁止商业银行自有非银行金融机构，将同时从事商业和投资银行业务的金融机构分离是我们所乐见的，同时这也是解决金融机构组织过于庞大问题的一个方式。

防止顺周期过程

金融系统有自发形成并累积顺周期过程的趋势，伴随着借贷的扩张，资本市场得以发展；相反，当出现信贷危机时，资本市场便会出现萎缩。金融体系的顺周期过程致使其在其中一种情况下不断自我强化，从而无法被当前的监管制度打破。

基于相关的历史数据，银行特定的风险模式是顺周期运营的，因为在经济处于上升期进而资产开始出现泡沫的时期，它们的预测风险都很低。在这一阶段，基于其属性，不良贷款不会增加，而且银行会利用其现有权益资本显著增加贷款。然而，对整个经济来说，在此时期进行信贷扩张需要更加谨慎，否则就会给经济带来危机。当资产泡沫最终破灭，风险模型显示出更大的危机时，银行会在经济已被资产泡沫削弱的非常时期缩小其贷款比例。这个问题可以通过持有独立于风险评价的最低权益资本和强迫银行使用反周期风险模型来得以控制，但这还远远不够，中央银行对不同的贷款进行裁量，设置了不同的权益资本储备要求。通过这种方式，房地产、股市、私募基金融资等贷款的成本会更高，其他规定也是可以实行的，例如对买房者的权益资本设置要求等。这一制度的优势在于，它可以独自应用在那些处于房地产泡沫的地区。

　　西班牙的例子可以用来证明这种政策至少在一定程度上是有效的。在2000年，为了应对经济出现的房地产泡沫，西班牙中央银行强制要求各银行建立起可以弥补可能损失的储备。事实证明，尽管在次贷危机巨大资产泡沫破灭的冲击下，西班牙的银行系统仍然在很长一段时间内保持了稳定，直到2011年和2012年，随着经济衰退不断加重，一些银行才出现无法承受按揭贷款巨大损失的局面。因此，这种规定在一定程度上是有效的，但这要求中央银行需要在繁荣时期变得更加大胆以要求银行进行足够的储备。

　　合理规划是这一政策的另外一个优点，它可以解决经济出现泡沫时货币政策所面对的矛盾。毫无疑问，引发次贷危机的一个原因是美国房地产市场的价格泡沫，对此，媒体和经济学家都竭力责备美联储及其前主席——艾伦·格林斯潘，认为格林斯潘在网络泡沫和"9·11"恐怖袭击之后，使利率在很长一段时间内保持着较低的水平，而这正是导致房地产形成泡沫的一个重要原因。然而，格林斯潘当时正处于两难境地。在2002年至2004年期间，美国经济和工资推进十分缓慢，许多指标表明美国正面临着通货紧缩的威胁。直到2004年，美国的失业率仍然很高。此外，美国公司当时的固定资产投资（用占GDP的比例来衡量）处于一个极低的水平，因此提高利率虽然会减缓美国房价上升的速度，但是这却会减少公司的投资活动，从而造成失业率居高不下。经验表明，提高利率对控制资产价格泡沫来说是必要的，如果买房者依赖每年提高10%的房价，那么融资成本提高5%到6%只会对房地产的需求产生有限的影响，利率的大幅上升虽会阻止投机行为，但也会给其余经济部分带来巨大的压力。

如果根据房地产市场和经济的整体运行情况，中央银行可以改变不同的资本要求，那么这个问题也就可以得到解决。利用这些新政策工具，中央银行可以有选择地在容易产生资产价格泡沫的领域限制其信贷扩张。

这些政策工具的使用不可避免地使近几十年的货币政策发生了翻天覆地的变化。在所谓的"金融压制"框架下，对银行存贷业务的监管自20世纪70年代以来逐渐减弱。货币政策同样存在着这一趋势，例如中央银行资金对商业银行的选择性供应，或者对其贷款进行限制。近几十年来，发达工业化国家的货币政策已经被限制到只能发挥单一的作用，即再贷款利率和隔夜贷款利率。这一发展趋势背后的理论依据是，市场比中央银行更善于决定哪些经济部分会有更好的回报以及获得更多的福利。然而，金融市场失灵的例子却表明这一趋势发展得过于迅速，中央银行需要其他工具来实现其发展目标和扩大政策工具的范围。

另一个减少金融系统顺周期现象的方法是改变会计准则。美国一般公认会计原则（GAAP）和国际财务报告准则（IFRS）指定的会计准则均十分强调资产的现值。根据公允价值和按市值计价的原则，资产的价值是用当时的市场价格来衡量的。这一原则使金融机构在股票或房地产市场繁荣时期表现出更多的利润，而实际却并非如此，这会导致繁荣时期更多的贷款。相反，在经济萧条时期，下降的市场价格会使金融机构出现并没有实际发生的损失，削弱金融机构的资本基础，减少贷款，进而加重经济衰退。

公允价值原则会使经理人更倾向于短期利益，他们会做一切满足金融市场且使股票价格短期上涨而忽略长期战略目标的事情。基于这一原因，公允价值需要更深远的改革，当然，不受监管的组织和个人机构是不能够决定国家会计准则这样的重要事情的。因此，最好禁止金融机构登记其未实现利润，如果经理人的报酬与利润相关，公司应当将奖金与公司长期发展而不是短期股票价格联系起来。因此，目前可采取的正确做法是不再对基于公司股票价格的奖金进行减税。

金融产品的标准化和禁止

对金融创新进入市场方式的改革是另一个基本问题，经验表明，金融产品与药品一样具有危险性。对药品控制的标准化同样适用于金融产品。因此，高度透明、中性和控制均应在风险的评估中体现出来。我们建议，所有的金融产品应该像药品一样，在进入市场前应得到相关的许可。如果发行者可以使监管机构相信待上市的产品可以为投资者或贷款人带来附加价值，并且对整个经济和个别机构来说，其附加价值值得他们承担一定的风险，那么这种产品才被允许进入市场。如果政府监管机构认为新产品过于复杂和不透明以致难以评估，那么这种产品就不会获得许可。除此之外，这会结束金融机构持续创造没有经济附加价值的金融工具，并带来标准化的、更易管理的产品。这种许可也可以防止对没有经济效益的产品组合进行包装，因此投资者完全可以按照自己的需求选择投资组合。

金融产品的交易只允许在有票据交换且有组织的市场中进行，所谓的可以双边协商的场外交易应该被禁止，这是非常有必要的，一方面可以保证市场足够的透明度，另一方面可以帮助稳定金融系统。迄今为止，大量衍生品的交易是通过个别金融机构之间的双边协商进行的，例如市场上大量的信用违约交换合约，这种合约可以看作是一种预防贷款者违约的信用保险。发生信用违约时，合同的一方以商定的价格对另一方进行赔偿。

据可靠资料表明，近几年信用违约交换市场的价值已经超过60万亿美元，大约与全球一年的经济产出相同。其他衍生品也占了非常大的市场比重。

场外交易存在如下问题：第一，无法判断参与者所处的市场位置，以及是否会对整个经济带来系统性风险。第二，如果信用违约交换的其中一方破产，且将衍生品用作套期工具时，另一方将会失去其保险收益。在过去，投资者只是盲目假设信用违约交换的参与者能够将违约风险控制在一定范围内。在此基础上，如果投资者使用衍生品来规避风险，那么商业战略会被划分为保险的形式，尽管从宏观经济的角度来看，事实并非如此。

美国保险公司以及美国国际集团的国有化均为上述风险提供了更有力的证据。美国国际集团有巨额的信用违约交换。政府担心保险公司破产会给银行系统带来多米诺骨牌效应，因而将其国有化。事实上，在现有的已受损的金融体系下，监管机构无法预见美国国际集团破产后的结果，因此也不能承受其倒闭的风险。然而，中央票据交换所可以为监管机构提供当前风险的所有总结性信息。

其他问题

金融市场还存在其他形式的改革，这些改革比较简单且已经按照法定程序执行。尽管这些改变是重要的，但它们仍不能解决金融市场的根本性风险和市场本身的波动性，因此，我们对这些问题只做简单介绍。

提高资本充足率：危机爆发的前几年，银行持续使用数学风险模型来降低权益资本的持有水平。在提高一般资本充足率的同时，限制模型的使用范围，更严格地验证模型可以显著提高银行的稳定性。如果银行必须持有更多的资本，那么它们在放贷时就会更加仔细，因为会有更多的资金承担风险。此外，个别银行破产的风险会减小，政府会帮助破产企业摆脱困境，政府也可能会规定最大杠杆比率作为附加条件，从而来限制金融机构的贷款数额，而不论其投资的风险是多大。最后，为了防止银行过大而倒闭，政府可以要求银行提高资本充足率，使其与银行的资产负债绝对值相一致，使大银行的业务成本比小银行更高。

消除随意放贷的动因：在证券化的过程中，银行和抵押贷款机构有时可以将整个抵押贷款（或其他贷款）出售给投资者，而此时，并没有什么激励措施推动银行和贷款机构对借款者进行筛选。为了防止这一问题，要求最初的放款者在资产负债表中为违约风险保留一定的比例就显得非常有必要。银行和贷款机构既可以采用证券化过程中最初亏损额度的方式，也可以从贷款组合中选一些出来（很少使用）。

信用评级机构的新架构：过去，信用评级机构是通常由证券发行商支付工资的一小部分私人美国公司。由于只有几个评级机构在竞争业务，因此反而形成了不正当的激励形式。过去，评级机构大部分采用了与银行相同的风险模型，而这加剧了资产市场的顺周期行为。因此，应该改变评级机构的融资模式，对其进行更严密的监管，并要求其公布如何得到相应评级结果的方法。

税收体制的改革：许多国家的税收体制也对过度冒险和风险杠杆起到了推动作用，例如，在许多制度下，贷款的利息收入作为营业费用可以被免除。当企业采用国际控股结构时，极有可能通过大量贷款免于支付税费，而且，投机活动的收入要比其他形式的收入更受企业欢迎。一个解决的方法是取消利息支付的税收减免，根据资产的持有期限收取资本利得税。如果只在几个月内持有资产，将采用高税率。如果超过十年持有资产，则采用低税率。

监管水平

在最好的情况下，对跨国运作的金融机构和金融产品的监管毫无疑问应该在国际水平上进行。考虑到监管应该和贸易发生在同一层面，因此全球金融市场监管是一个经典的国际公共物品。不过在没有国际间相互协作的情况下，这一公共物品通常是供不应求的。次贷危机爆发后，全球监管采取的一个正确举措是，20 国集团一致协商成立了金融稳定委员会，从而提升了国际货币基金组织的地位，然而，仅仅补充国际货币基金组织的资金并无助于解决其合法性问题或者其他国际组织的合法性问题。只要组织结构不能反映当前世界上不同国家地缘经济的重要性，并且工业化国家的传统型支配仍持续进行，那么合法性的不足就会延续存在。国际货币基金组织及其他国家组织也要从过去的错误中吸取教训。过去这些机构通常是作为自由市场全球化模式的推动者，现在它们也必须为推动全球监管的新发展做出努力。

为了防范权力集中，我们建议应该在国际清算银行设置一个强有力的全球金融监管机构，以作为金融稳定委员会的传承。此外，在全球水平上，设置的机构也应该能够对国际金融和资本市场的发展进行最新且独立的分析，从而为全球监管提出适当举措，以保证国际机构间持续而紧密的沟通。另外，联合国全球经济理事会也可以作为第三方发挥这一作用。

全球监管的确立，例如金融机构和金融产品的国际标准，在政治上是一个烫手山芋，不仅美国民众不愿政治家将权力移交给超国家机构，较大的发展中国家的新兴市场最近也提出疑问：危机是由美国引起而非新兴市场，那么他们又为何要改变金融机构的监管方式呢？

当然，区域性的监管比较容易实现。例如，对欧盟统一实行金融监管会带来许多好处且不会造成单边行动的损失。由于欧盟成员国的人口和资本可以自由流动，因此如果一个欧洲国家尝试单方面对其金融市场进行监管，并且禁止某些金融产品或活动，那么这很有可能会将这些监管行为向其他欧盟国家不断推广；相反，在整个欧洲进行监管可能会使金融机构将存在问题的金融活动变成离岸经营。当然尽管这些机构放弃了接近欧洲市场的更简单方式，但这也很有可能在欧洲形成国家的小团体，只要其规模足够大就行，例如，对欧洲货币联盟的国家实行较严格的监管是可行的，尽管会使一些经济活动转向英国，但这一部分金融活动的损失会被更稳定的金融体系所弥补。

对于较大的经济体如美国、印度和中国来说，他们与周边国家的一体化程度较低，因此独立监管也是一种选择。由于这些国家的市场十分诱人，因此推动金融机构向海外发展就不再是一个问题了。此外，成功的监管还可以作为一个积极的例子，使其他地区和国家争先效仿，推动其金融监管的发展。然而，地区或单边的监管改革也会产生新的问题，最终，这些改革也都会使一些国家或地区对金融活动的监管比另一些国家更严格。改革的结果都缺乏一个综合的全球性结构，因而会带来新的监管套利的问题，最终使金融活动转向监管较为松懈的地区进行。

已取得的成就

尽管二十国集团已经为金融市场改革确定了一般的规则，但各国仍然按照自己的速度和关注的焦点进行着监管改革。在较大的经济体中，美国目前所作的改革已远远超出了其他国家。2010 年 6 月签署生效的《多德—弗兰克华尔街改革和消费者保护法案》就包含了金融市场监管结构和规章制度的深远改革，例如政府设立了消费者保护办公室来教育消费者，以提防金融机构滥发贷款。更重要的是，法案认定美联储有权对非银行金融机构实施合法监管，监管人员将有权利解散过于庞大的金融机构，防止大而不倒问题的出现。在衍生品和金融创新领域，目前的监管体制只控制场外衍生品交易，可以集中清算的非场外衍生品则在票据交换所进行。《多德—弗兰克华尔街改革和消费者保护法案》规定外部评级提供的参考应该从所有的监管规定中删除，最后，商业银行对对冲基金和私募股权的投资不能超过自有资本的3%。

尽管一些规定已经在美国众议院和参议院的账目核对过程中打了折扣，一些规定也用模糊的词语描述由监管部门自行理解，但人们仍然不能否认次贷危机发生之前，这一法案在金融市场监管不足和调节错误方面所做出的巨大进步。

然而，欧洲的监管改革进展缓慢且收效甚微，管理规定也都是由欧洲委员会零散提出的。例如2010年初通过了对冲基金的监管条例，金融市场的其他改革举措最初受制于复杂的欧洲立法过程，直到2011年和2012年才获得通过。虽然对监管结构的初步审查已于2010年通过，并特别加强了欧洲整体的监管程度，但是妥协的版本很快就表现出了监管上的不足。尽管各个国家政府试图限制将权力交托给欧洲议会，然而议会仍在努力尝试赋予欧洲监管机构管理从事跨国业务大型机构和国际监管人员的权利，但是，西班牙银行在2011年和2012年出现的新问题则表明新的监管结构仍然不够有效。因此，在2013年初写作本书之时，欧盟正致力于构建一个集中对欧元地区及其他愿意参加欧洲中央银行的国家进行监管的新机构。虽然这次集中监管已向前迈进了一大步，但这仍然不是彻底的改革，例如尚没有将金融市场改革的指令草案向前积极推动到可以将影子银行、对冲基金及私募基金从传统商业银行的业务中分离出来的地步。

总的来说，一个很有趣的现象是，欧洲金融再管制的最终效果至少从改革精神层面来说还不如美国，更追求自由的美国反而比更注重规则的欧盟表现出对金融市场监管更大的决心，不过，人们也不应忘记严格的欧洲法规也是正确方向上的重要一步。

尽管美国的新法案在金融监管方面比欧洲做得更深远，但在两者的改革过程中，却都存在着三个需要指正的基本问题。第一，在所有的新法规和正在讨论的草案中，宏观经济和调控金融体系顺周期贷款需求的发展仍是不完善的。美国华尔街改革法案和欧洲法律确实都包括更严格地调控宏观经济风险的内容。例如欧洲立法者设立"系统风险委员会"来观察宏观经济风险，美国则设立了"稳定监督委员会"，但两者都没有确立必要的政策工具来应对宏观经济发展的不平衡，两个地区的货币政策仍然按照之前执行，并没有对经济周期的资本要求做任何调整来防止资产价格泡沫或应对金融体系的内在顺周期趋势。

第二，金融创新不存在综合方案。一些金融工具，例如证券化的贷款，现在已受到更严格的监管，但是金融创新的基本途径仍没有改变。金融机构仍然可以将其需要的金融产品和工具引入市场。虽然监管者现在有更多的权利限制某些特定交易，或使银行进行交易的成本提高，但是监管者和金融市场之间的竞赛就像《格林兄弟》童话故事中兔子和刺猬的竞赛一样。这个故事中，不论兔子跑得多快，刺猬总可以在兔子之前到达终点。最后，兔子由于不断快速奔跑，终于死于心力衰竭，虽然兔子不知道，但是格林兄弟想要告诉读者的是，刺猬在竞赛中根本没有跑动过，只是他的妻子代替他站在终点而已。在金融市场的监管过程中，金融机构具有数量优势。它们可以大量炮制金融创新产品并在市场上抛售。而监管者只可能在新的危机即将到来或已经发生的情况下，确定或限制远超出标准的金融产品的数量。

第三，金融体系投机行为和影子银行体系与传统商业银行之间的联系仍没有切断。美国已经迈出了限制商业银行投资对冲基金和进行自营业务的第一步。尽管银行仍然可以贷款给投机性企业，但欧洲却连美国的部分进展都还没有取得。目前，欧盟委员会没有通过任何法规和改革来综合地限制银行自营业务、对影子银行的贷款或对对冲基金及私募基金的投资。

最新的监管举措是根据《巴塞尔协议Ⅲ》制定的。协议认为未来的十年应该提高资本要求以防止潜在的银行损失。原则上这一举措是人们所乐见的，而且也应该会对金融体系的稳定性产生潜在的影响。但是新协议仍有很多不足使其无法有效地实现改革，如资本要求仍然很低，协议既没有控制影子银行体系，也没有显著改变评级机构的作用和角色。最后，监管者不知如何在国家层面上实行《巴塞尔协议Ⅲ》，这也是《巴塞尔协议Ⅱ》无法正常发挥作用的原因所在。《巴塞尔协议Ⅱ》在美国实行得较晚，而且不同于欧洲的实行方式。例如，美国就提出全球银行标准无效的观点。下一部分我们将描绘一个稳固的金融体制。

第二节　全球货币体系和金融体系改革

正如第一章所说，2008 年金融危机爆发的原因不只是金融市场监管不足的问题，另一个重要的原因是不稳定的和巨大的国际私人资本流动，以及发展中国家和新兴国家为防止依赖于不稳定的国际资本流动而建立的政策空间所造成的全球失衡。为了解决这些问题，对全球金融体系的改革是十分重要的。

新布雷顿森林体系

我们基于所谓的"三元悖论"开始有效构架的讨论。"三元悖论"认为稳定的汇率、自由的资本流动和独立的货币政策是一个国家追求的三个目标，然而三者中只有两个目标可以同时实现。根据这一理论，我们可以认为对几乎所有国家来说，独立的货币政策、自由的国际资本流动和固定汇率的组合是不可能的。理论认为，最好的选择是放弃固定汇率，实现自由资本流动、独立货币政策和浮动汇率的组合。然而，许多情况下这一组合也并不合理。由于经常会出现货币贬值现象，因此国家被迫实行紧缩的货币政策以稳定汇率，从而对国内经济的发展产生不良影响。正如本书第一章所说，货币贬值会造成通胀发

展。如果此时存在外币债务，则将会出现债务压力，从而使国
内金融体系崩溃。

　　如上所述，对大多数国家来说，如果采用固定汇率和自由
的国际资本流动，那么它们就不可能同时实行独立的货币政策。
问题是在这种情况下，货币政策必须无条件地维持汇率稳定，
但只有储备货币发行国可以在固定汇率的情况下实行独立的货
币政策，其他国家是无法实施的。当然，货币储备也会经历短
暂的疲软，从而减少本国货币政策回旋的余地。

　　另一个问题是，浮动汇率和自由的资本流动无法保证经常
账户失衡保持在可接受的范围内。许多国家采用浮动利率，但
仍然累积了高额的经常账户赤字，而且只能通过货币危机的形
式减少赤字。固定利率也无法自动将经常账户失衡限定在一个
合理范围内，例如由于固定汇率制度下两个国家的发展成本不
同，因此经常项目失衡会加重而不是仅仅背离协议。尽管经常
账户赤字的国家在面对减少赤字的财政困难时，可以实行紧缩
的货币政策来稳定危机，但是国内产量和就业的损失则将十分
惨重，有时固定汇率制度在这种情况下也是行不通的。因此，
在国际资本可以自由流动的情况下，不论是固定汇率制度还是
浮动汇率制度，只由市场力量调控是无法自动实现全球经济稳
定和繁荣的，两者都需要另外的工具来实现稳定的全球经济发
展结构，两个体系的优势也都应该为这一目的所用。我们仍然
认为凯恩斯的观点对全球货币体系改革来说是一个很好的依据。
他提出汇率在原则上应该被予以固定，但当出现国家间经常账

户失衡时也可以调整，同时围绕中心价格上下的价格波动范围应该尽量小。当出现经常账户失衡时，凯恩斯所设想的调节机制可以预料盈余国家的经济刺激政策，也可以对赤字国家给出相应的紧缩性政策。因此从这个意义上来讲，凯恩斯的想法是一个对称的调解过程。

一般来说，市场进程只会使赤字国家通过紧缩的经济政策来减少失衡，但这不只会对该国发展造成损失，也会对全球经济的发展产生负面影响。当赤字国家放慢发展步伐而盈余国家却不刺激其经济发展时，结构性的全球需求不足会加剧，世界经济增长率也因此会相应降低，为了推动或强制实施对称的调节机制，凯恩斯建议应该对经常性账户盈余或赤字的国家实行惩罚性征税。

凯恩斯的提议中隐含着采用固定汇率制度的国家之间应该有紧密的经济政策合作。为实现合作目的，各国之间需要设立一个联合委员会，一方面决定可能出现的汇率调整，另一方面也可以协调国家之间的经济政策。在布雷顿森林体系中，汇率是在国际货币基金组织的框架下进行调整的。然而，国际货币基金组织在货币政策和其他经济政策方面无法发挥协调作用，因此，新的全球货币体系应该在这一方面进行改进。

作为一位激进的经济学家，罗伯特·蒙代尔致力于解决这一问题。他提出在美元、欧元和日元之间形成固定汇率，四个美国代表、三个欧洲货币联盟代表和两个日本代表联合构成一个自主治理委员会来协调货币政策，他们可以在这三个货币区域协调和制定货币政策。因此，蒙代尔认为应该将执行固定汇率货币政策的制定能力转移至国际联合委员会，同时各国货币仍以原形式流通，这一委员会也可以在国际货币基金组织中设立，以世界上最重要的中央银行作为其成员代表，这将使全球经济治理方面得到巨大突破。尽管委员会在目前的政治结构下不太可能成立，但重要的是，类似的讨论将延续下去。

经济协调政策除了货币政策外，还应包括财政政策。至少在全球经济危机时期，财政政策也应该成为最重要的国家之间协调的策略选择。目前，政策协调已经在七国集团、八国集团及二十国集团中得以实行。原则上，这一协调机制应该不存在异议，然而也应当考虑到设置在英国的全球经济专家委员会，该委员会的任务包括促进财政政策协作规范的形成以及维持税收体系等其他领域的和谐，委员会的职责在于引导世界经济，应该比八国峰会或二十国峰会更值得人们信任。

汇率调整的频率应该如何制定

新布雷顿森林体系的设置遇到了一些其他问题。第一个便是汇率调整的频率问题。和凯恩斯一样，布雷顿森林体系协商的美国代表团团长——亨利·迪克特·怀特，也支持固定汇率制度。不过，怀特希望更快地实施汇率调整的工具。显然，与怀特相比，凯恩斯显得对汇率调整机制信心不足，当然，考虑到汇率调整存在着大量的问题，因此这也是可以理解的。我们认为，在经常账户不合理失衡的情况下，经济政策在宏观经济方向上的对称调整要比汇率调整好。当然，有些情况下汇率调整则可能更合适，因此，协调全球经济发展最好的工具应该取决于当时的经济环境。

资本流动控制和外币市场干预

与上述观点相一致的新布雷顿森林体系确实会帮助稳定国际资本的流动，但却无法保证资本流动不会严重中断或损坏这一体系，因此，采取一些预防措施是必要的。首先，所有的中央银行都应该积极干预外汇市场来弥补不稳定的资本流动可能造成的损失。亚洲金融危机之后，包括中国在内的发展形式表明，中央银行大量购买外汇是可能的而且也是有效的。同时，由于资本外流时中央银行将面临巨大压力，因此，需要强有力的国际机构为中央银行提供融资。国际货币基金组织已经在发挥这一作用了，目前已制定向中央银行分配特别提款权的法律条文用于干预外汇市场，新布雷顿森林体系唯一需要做的便是增加特别提款权的发放，并且每年向各中央银行定量分配。

最终，资本控制再一次成为发达国家货币政策和经济稳定的常用工具。这一工具应该包括协调的资本流入及流出控制，换句话说，应该进行国际间协调控制。资本控制应该变换实施强度、灵活应用，从长期来看，并没有必要妨碍重要的资本流动，例如那些有益的外商直接投资等。

资本控制可以从许多方面加以实施，如广为人知的"托宾税"便是当下常讨论的"金融交易税"的原型。詹姆斯·托宾

（1978）提出所有的外汇干预应该根据适度的税收进行制定，重要的交易几乎不会受到税收的影响，例如商品进出口、长期的资本流动等，但税收却会防止短期的投机行为。托宾希望税收可以用来延长经济行为的持续时间，使汇率根据基本的原理来稳定发展。他也希望税收可以为金融市场制造一点儿障碍，以减缓其发展速度。出于政府税收的原因，即为了保证政府收益，托宾税是有意义的，但它却不足以对国际资本的流动产生足够的影响。如果我们假设税率低于1%，那么，在投机收益可能高达20%时，税收远不足以改变资本的流动。当然，托宾税可以根据资本流动的类型加以区别，但这并不是托宾税的目的所在。

在制定有关资本流动的法规时，首先应减少特定的国际贸易或要求企业将国际贸易从其经营项目中剥离。通过这种方式，养老基金、保险公司、特殊机构（如建房互助协会）及国有银行和所有制银行（如储蓄银行）将只能在国内进行交易。即使是特定的外国机构也无法参与国内的业务活动。当然，在那些国家间已形成紧密经济合作的地区，其商业界线即是区域之间，而并非是国家间的界限。例如欧洲将荷兰或卢森堡的商业活动限制在国内市场是毫无意义的，但是将贸易限制在欧盟或欧洲货币联盟地区则是有意义的。试行规定将同时简化并加强相关机构的银行和金融市场的监管。

相对来说，国际证券投资和银行贷款流入或流出一个货币区是容易控制的。从事这些交易的金融机构也是受严格监管的。这些资本流动可以受限于交易税，甚至在特殊情况下可以被禁止，但交易税和禁令应谨慎实现，例如短期国际贷款、国际股票交易和购买付息证券都应该分别作一处理。

资本交易的中央银行存款在一段时间内是无息存款的规定也是可以实行的。智利已经采用了这一政策，这一政策的效果在于，资本流动的成本取决于交易期限的长短。针对四周的无息存款，中央银行制定了其应占贷款总额的比例。如果不同货币区之间的信贷交易受制于此比例，那么那些期限短于四周的贷款将变得毫无意义，而期限长于两月的贷款成本相对较高。另外十年期贷款的成本也将会比当前的价格也略高。无论如何，这些政策的适用办法与税收和禁令一样，只要有政治意志，便可以实施。对还未完全开放资本市场的新兴国家来说，这一举措意味着在深入市场自由化之前，它们应该更缓慢且更谨慎地推进这一过程，这些不仅适用于中国，同样也适合印度和巴西等。正如上文所说，政府可以全面禁止所有的离岸中心交易，美国和日本等发达国家或国家联盟，如欧盟或欧元区国家也可以采用这一政策。

为中央银行提供国际储备的媒介

在一战前的金本位体制下，英镑扮演着世界货币的角色。20 世纪 50 年代到 60 年代，美元发挥了世界货币的作用。在当前世界经济迅速发展的情况下，美元主导、欧元协同，两者共同扮演着这一角色。国内国际一致的货币功能可以为发挥国际货币作用的国家带来相当大的好处。由于其纸币和硬币可以在世界各国流通，甚至会驱逐其他国家的弱势货币，因此它们可以用自己的货币向国外借款，进行大量的外贸交易，特别是可以获得很高的铸币税收益。但持有国际货币的国家同时也面临一些问题，其中之一是中央银行和私人经济主体持有大量的国际货币资产。一般来说，这类投资是短期的。因此，特别是在由几个重要国际储备货币构成的货币资产体系中，从一种储备货币转向另一种货币的资产重组是可能发生的，而这种重组会引起外国经济动荡，并对持有该种货币的国家和世界经济造成不良影响。此外，储备货币发行国还面临着对其货币高需求的危险，这会导致资本不断流入、资产不断重新估价以及持续且高额的经常账户赤字，这反过来也会阻碍国内经济的发展，而且也无法保证储备货币发行国会以国际经济利益为重来制定合适的货币政策。

美国经济学家罗伯特·特里芬早在20世纪60年代给美国国会的证词中便提出，美元无法在不引起全球经济危机的情况下，同时承担国内和国际货币的双重角色，因此国际货币基金可以制定一种国际通货。这种货币只能被中央银行用于国际储备及国际贸易。尽管这种货币只能解决当前世界经济面临的一些问题，但它仍然为经济稳定做出了一定贡献。中央银行不能再持有某国货币例如美元和欧元作为外汇储备，直到各个央行制定了自己的货币为止。这一体制的优势在于世界各个中央银行可以获得一个稳定的储备中介，因而各央行无需再在美元和欧元等几个重要国际货币间选择。央行进行货币重组也将成为过去。

　　对央行储备的这一建议并不是什么新鲜事。二战后，在1944年的布雷顿森林体系会议上讨论国际货币体系时，这一问题就已被提出。凯恩斯提出国际货币单位，之后罗伯特·特里芬也赞成这一观点。1969年，中央银行国际货币以特别提款权形式第一次获得通过。国际货币基金组织通过向各个国家的商业银行分配一定数目的特别提款权设立这一货币形式。特别提款权的价格在设立时只与美元绑定，一单位特别提款权对应一美元。1973年布雷顿森林体系崩溃后，特别提款权的价格在一篮子货币的基础上加以确定。特别提款权在20世纪70年代建立，在2006年末累计已有214亿单位。2009年春，伦敦二十国峰会之前，中国人民银行行长周小川建议减少美元作为各央行国际货币储备的角色，强化特别提款权的作用，最终在该会上通过了新发行大约2 500亿美元特别提款权的决定。

　　我们支持特别提款权发挥更大的作用，同时减少央行持有美元和欧元作为货币储备的数量。与世界经济发展相一致，在要求央行持有特别提款权的同时，需要特别提款权保持每年持续的增长，现有储备由本国货币向特别提款权的可控转变是可以尝试的，只有在央行对发行特别提款权的机构充满信心的时候，他们才愿意持有特别提款权作为其货币储备，这意味着机构必须要有足够的信誉，并对这一机构的全球合理性提出了新要求。

与全球金融体系相关的跨国机构

为了保证全球化进程的稳定架构，旧体系必须进行改革，新体系需要建立。总的来说，这些组织必须变得更加民主。迄今为止，发达国家一直在发挥主导作用，发展中国家则一直没有足够的代表性，这是一个现存的问题，不仅仅因为这些机构缺乏合理性，更因为中国及印度等发展中国家和新兴国家的崛起意味着他们不愿接受现有的结构，也不愿给这些机构授权。下面，我们简单举例来说明一些必要的改革。

首先，国际货币基金组织需要深远的改革，特别是在现有的投票权和特别提款权的分配方面。发达国家，特别是欧洲国家所占比重过大，而类似巴西、俄罗斯、印度及中国等国家则无法代表自身的利益。例如，荷兰的投票权比印度多，瑞士的投票权比巴西多，英国、德国和法国的投票权都比中国多，而且美国的投票权是中国、印度及巴西总和的两倍多。尽管以购买力衡量的话，后三者的 GDP 与美国相似。如果国际货币基金组织想要被全面认可及合理化，这些比重必须按照参与国的实际影响力重新分配。简单的改变是远不够的，例如给欧洲货币联盟分配一票投票权才是合理的。

其次，国际货币基金组织过去以非法的方式参与各国内部事务。在这方面，国际货币基金组织没有表现出对不同资本主义模式的开放和包容，其原则主要参照华盛顿共识，长久以来也一直建立在新古典主义对商品和金融市场解除监管及将权利返还国家的观点之上。它以贷款为条件，不断试图将这些想法强加于陷于困境的国家。由于市场自由全球化战略已经带来如此多的不稳定和缺陷，因此，它无法再作为未来信贷分配的基础，国际货币基金组织也无法再任意发放贷款，贷款的发放应必须受限于一些规定。随着国际货币基金组织内部权利的转移，特别是在大多数新兴国家和发展中国家对华盛顿共识颇为不满的情况下，贷款分配的基本原则也必将发生变化。

最后，次贷危机及其所产生的恶劣影响，使人们清楚地认识到对世界金融体系的监管是十分重要的。当然，建立一个能够调节各个国家事务并有效监管复杂金融体系的全球中央机构是不可能的。然而，建立一个可以持续监控全球金融体系和发展改革提案并组织政府当局就跨国银行和其他金融机构监管问题加以交流的机构则是必要且可行的。为实现这一目的，我们建议设立金融市场监管的世界经济委员会。委员会不应设立在货币基金组织中，因为基金会发挥作用不利于委员会职能的分离，国际金融市场的监管机构应设立在巴赛尔的国际清算银行，正如联合国前官方教授奥坎波所说，由银行监管当局及当时十个发达工业国家的中央银行在1974年设立的巴塞尔银行监管委员会可以转变为这一机构。

过去，过多的外债使牵涉其中的国家发生了巨大的社会变动，这造成了长期经济发展的停滞，债务国为了自身的经济和政治利益做出让步。在这种情况下，债权人不论是私人机构还是国家都会占到便宜。因此，在一国发生过度负债的情形下，设立一个可以有序安排减轻债务以及促进债权债务人相互妥协的机构是一个不错的想法。从国家层面来看，这一进程已经在实施了，然而，国际水平上还没有类似这样的机构。因此，我们建议成立一个基于一般原则的国际债务仲裁小组，当一国出现过度债务时，可以在债权债务人之间实行公平的债务分配。

发达国家与发展中国家的关系

近几年来，发达国家和发展中国家巨大的经常账户失衡是造成经济不稳定的重要因素，因此，应该避免这一现象的持续。一般来说，与一国的 GDP 相比，这种平衡比例应该维持在较低的水平。长期以来，教科书告诉我们发展中国家可以存在经常账户赤字，因为他们需要资本输入，其基本原理在于这些国家可以购买更多的设备，并能更快地提高资本存量。然而事实上，一些发展中国家遵从这一原理，却积累了巨额外债。一旦金融市场不再为其提供贷款，这些国家必将出现问题，就像南部国家发生的许多危机一样。因此，在 1997 年亚洲金融危机之后，以中国为代表的许多亚洲国家开始积累大量盈余，而美国则积累了过多的经常账户赤字，正如上文所说，这也不利于经济的稳定。

为了稳定全球经济并帮助发展中国家快速增长，一个最好的方法是发展中国家实现适度的盈余，而发达国家则维持适度的赤字。然而，这意味着美国需要减少其经常账户赤字，欧洲货币联盟和日本则需要接受适度的赤字，一些发展中国家，特别是中国和其他亚洲国家，则应该控制其高外汇盈余。对发展中国家来说，经常账户平衡的实现将有利于其整合经济，并通过出口参与到全球经济中来。同时，通过这一方式，货币危机和过度的外债风险将逐渐消失。对发达国家来说，它们可以向国外借钱，适度的赤字并不会引起严重的财政问题。

发达国家和发展中国家之间平衡的经常账户结构应该与发展中国家的外商直接投资流入量相匹配。依靠个体和私人经济的资本流出或中国的固定外汇政策即可平衡这些资本的流入，除外商直接投资之外，其他形式的资本流入除了提高其经常账户赤字之外，基本不会对发展中国家有任何作用。而且，并不是所有的外商直接投资都有利于提高一国的科技水平和组织能力，例如许多发展中国家刺激了房地产泡沫，然而之后却发现处理泡沫变得很难。正如约瑟夫·斯蒂格利茨所强调的，与控制国际资本流动的发展中国家相比，放松国际资本流动监管的国家并没有成功地实现经济增长。

诚然，一小部分发展中国家特别是非洲的一些国家，其商品出口很难且经常维持账户盈余，但是，如果发展援助以转移的形式实现而非贷款的形式，那么这些国家也可以逐渐实现经常账户的平衡，且这些国家并不会期望高额的私人资本流入本国。另外，对部分债务最重的一些国家减免债务也会有利于世界经济的持久平衡。为了支持这一目标的实现，发达工业化国家的商品市场应该以不对称的方式向发展中国家开放，这意味着在允许发展中国家贸易保护的同时可以开放发达国家的市场。

缺乏全球合作的货币和汇率政策

尽管全球的解决方式是人们所期待的，但在国家或区域层面实施单独政策也是可以实现的，任何一家中央银行都可以制定相应的货币和汇率政策，以防止其受到外部经济冲击的影响。当然，这也有助于全球经济的稳定。尽可能维持汇率稳定是主要任务，因为货币的大幅升值或贬值会对经济产生不良的影响，与人们期望看到的汇率稳定一样，实行的政策必须与其他政策目的相一致。正如上文所说，发达国家适度的赤字和发展中国家适度的剩余不会带来大的经济问题。高额的经常账户赤字会引起外债的积累，造成资本突然逆转及汇率的剧烈波动，从而严重危害实体经济。因此，长期的高赤字应该通过汇率贬值来结束。然而，这一举措应该以可控的方式实现，避免产生过度的反应，相反，在账户盈余的情况下，也可以尝试货币的升值。

从这一角度来说，相对于美元，人民币应保持小幅升值。事实上，这一小小的修正对两个国家都有利——美国可以增加出口，限制进口，从而提供更多的就业，中国也可以实现更稳定的国内与国外经济。刚发生的经济危机提醒了严重依赖出口的国家如中国、日本和德国，世界经济的稳定和大型经济体不再出现危机是人们共同关心的问题。

然而，汇率的温和调整在当前资本自由流动的情况下是很少发生的。如果一国尝试使其货币逐渐升值或贬值，投机性的资本流动则将放大这一行为，从而导致调整的过度。因此，对比最近几十年的形势，政策应当与诺贝尔奖得主约瑟夫·斯蒂格利茨的观点一致，即在防止资本流动不稳定、经常账户失衡及汇率波动方面，对资本流动加以监管。控制资本流入可以减少货币升值并提高账户赤字，然而，控制资本流出可以防止累积的且不可控的货币贬值。国家也可以通过介入外汇市场来稳定汇率。这些政策工具都可以单向使用，使用得当便可以防止经常账户的失衡及汇率的波动。许多国家单方面适用这些工具，并不会使全球化受到影响，而是走上一条更加稳定的道路。虽然一些资本流动会受到抑制，但是，由于稳定的汇率减少了商品和服务的贸易风险，因此国际贸易并不会受到太大的影响。

第三节　公司治理改革

自次贷危机之后，对公司治理过程中只关注股东利益的批评越来越多，因此公司治理的模式应该重新整合到社会发展当中。企业股东的互动，特别是股东与雇员之间的互动，不仅是提高效率的出发点，而且也可以稳定公司治理。照此说来，公司治理基于的观点是，企业经济效益的成功取决于其一系列的参与者，而这些参与者也应该在公司管理方面发挥一定的作用。根据利益相关者原理，参与企业管理人员利益优先于投资者利益的模式会反转。利益相关者模式的中心思想——管理目的应集中于提高短期股票价格，是极其有害的。股票价格由无导向性预期驱使，通常属于短期行为且其波动不规律，也无法预测。在股价缺锚的情况下，基于股东利益的企业管理完全是娱乐经济的形式。

近几十年来，在公司治理方面出现的短期导向对经济发展产生了重大的影响。例如，如果对生产厂房或员工培训的投资无法在短期获得足够的利润，由于金融市场需要短期回报，那么这些项目就会被放弃。在股东价值最大的观念下，创新只会在缩减成本时发生。从中长期来看，当需求、生产和创新无法实现时，结果将不言而喻。由于企业管理的短期导向，经济中的投资率将维持在较低水平，从而导致失业增加。因此，没有证据表明更具活力的投资和增长是金融市场自由的结果，这比公司治理更具优势。

克服公司治理股东价值至上的出发点是可以寻求的，一方面是在公司内部，另一方面是要改变公司控制的规则，这一规则逐渐由机构投资者、大型投资者和金融导向的管理机构制定。长期导向的领先公司的治理观念首先应该摒弃当前"经济金融化"的趋势，即金融主导逐渐胜过实体经济和员工。股东价值至上的观点无法充分代表员工的利益，企业重组计划对员工来说具有严重的后果，例如企业为了提高收益进行外包，尽管其目前已经获得了较高收益，但这种趋势可以通过增强企业员工权利加以控制。

然而，股东价值至上的副作用不仅只表现在短期行为和忽略员工利益方面，股东分红也是一个主要问题。毫无疑问，当利润来自高成交率时，企业不应分红，但是，在利润只来自资产账面价值的提高或毫无利润时，企业仍要进行高额分红。另一个问题在于股份回购，通常用于人为地提高股价（股价是管理报酬的一部分），有时也是为了防止恶意收购。

公司只有在特殊情况下才能购买自己的股票，在没有利润的情况下应该禁止分红，这些建议可以提高企业的股本与资本基础，同时稳定整个经济。

股东至上的观念导致了极不合理的高管薪酬。美国的金融企业最具优势，金融企业的管理薪酬与普通工人薪酬的比例从20世纪70年代的30：1增至目前的500：1，将管理层利益唯一地与所有者利益绑定起来是股东最初的目的，而这些数据则表明这一目的只取得了有限的成功，管理层反而可以损失股东利益使自己富足，维护自身的利益。因此，管理层的薪酬体系应该改变，支持薪酬和奖励体系改变的观点不仅基于合理性，而且以企业的成功为基础。从中期来看，企业的成功来自谨慎的战略决定，而不是来自资本市场的短期行为。

公司治理新形式的一个要素是限制管理层短期行为及投资者利益至上的观点，为了实现这一目的，企业所有的利益相关者及其期望都应该获得更多的重视，我们应该追求的是社会整体生产力的提高、工作质量的提高和环境问题的改善。社会生产力是经济繁荣的先决条件，而不是基于对货币和数值的考虑，全球经济应该通过企业间的竞争实现持续创新，并使其与可持续的社会与环境模式相一致。

给工人更多的权力来影响公司决策确实会使企业更成功，因为如果工人有更多的话语权，他们会将自己与公司联合起来，德国就是一个很好的例子。德国工人在公司决策中起着很重要的作用。员工代表位列监督委员会，在金属行业甚至会位列管理委员会，这种传统不会妨碍德国公司成为行业的领跑者，正相反，德国制造业是世界上最具生产力和竞争力的行业。

就私募公司来说，它们通常会"掠夺"其他公司的成果，因而需要特别的监管要求和公司治理标准，例如经济合作与发展组织制定的标准并不适合私募企业，因为它们可以免除许多规定。这一现状需要改变，而且普通公司需要得到保护。一个可能的方法是在将私募公司利润转移时，赋予员工更多的发言权，或者在私募公司投资一家公司时借贷资金，也可以要求私募公司持有普通公司股权的时间不得少于最低的期限。

就算是股东价值至上观念的发源地，公司治理也在经历着一些改变。例如，超过一半的美国州政府最近已经开始采纳利益相关者法律要求管理层提供一份决定其他利益相关者的影响评估报告，包括员工、顾客、供应商和社会团体。通过这种方式，美国已经在一定程度上摒弃了在企业管理方面只关注金融市场的情况。再加上广泛的金融市场监管，利益相关者导向的公司治理将带来新的企业文化——一种不再从属于金融市场的企业文化。这种改变是否发生将主要取决于政治方面的因素。

第十章　一个新的增长范例

　　自从本书于 2009 年底问世以来，每当我们讨论一个得体的资本主义时，总会面临"为什么增长""进一步增长是否有可能"以及"如果增长，应该是什么样的增长方式"等这类问题，这些问题都至关重要，我们也同许多人一样对现存的增长模型持怀疑态度。此处，我们想要讨论三个合理的且也十分重要的问题，首先，在如今已达到的生产水平下，为什么我们还需要进一步的增长？其次，是否可能在不破坏环境基础的前提下获得长久的经济增长？最后，我们能否找到某个人来购买并消费掉所有生产出来的服务和商品？

第一节 为什么 GDP 增长
仍然是一个值得追求的目标

让我们来逐个解决这些问题。考虑到如今我们富裕的社会所能提供的物质商品，例如家中儿童玩具的绝对数量，中产阶级家庭中的各类设备，或者仅仅是大街上汽车的数量，一个自然而然会出现的问题是：为什么我们还想要（需要）更多？此外，通过对幸福感的研究（利用调查问卷来判断人们的生活满足程度），我们了解到更高的人均收入并不一定会让人们更快乐。实证表明，人均 GDP 大于 27 500 美元，收入的增加并不会显著地影响幸福感。在这些基本生活需求之外，继续积累产品并不会增加多少实用性。人均 GDP 达到27 500美元的社会应该能够提供满足大多数人基本需求的商品和服务，而 27 500 美元之外额外的收入基本都被用在了不会对幸福感造成太大影响的附加消费上。以上这些均为事实，并容易被大众理解。如果你已经有了一栋占地面积 3000 平方英尺的房子，即使再将这个面积扩大一倍，也并不会大幅增加你的幸福感。

众所周知，GDP 并不能很好地反应福利状况。如果生产和消费破坏了环境，所造成的破坏则由政府来弥补，那么修复工作虽会增加 GDP，但却完全不会增加社会福利。举个例子来说，数十亿的美元花在市场活动上，而并不是所有市场活动都会增加社会福利，并且 GDP 也无法反映出收入或财富的分配。因此，采用几种不同的方法来考察经济发展状况，而不仅仅依靠传统的 GDP，才是切合实际的。出于这种原因，法国总统萨科齐出台了《经济表现和社会发展状况的考察办法》，该规定由诺贝尔奖得主斯蒂格利茨和阿玛蒂亚·森以及法国经济学家菲托希带头提议而成。在最终报告中，这些经济学家提出了一系列对传统 GDP 计量方法的附加条件，例如，他们提议应提供有关环境退化的数据，减少对商品和服务经济总量的衡量（可能包括投放在伊拉克的巡航导弹），而更多地关注一个典型家庭所能消费的商品和服务的数量。尽管这些新的计量方法没有解决经济增长的问题，但是它们确实能帮助政治家了解在经济增长的过程中，社会何时提高了总体福利水平，何时没有。在正确计量的前提下，经济增长仍然是增加人们幸福感的最行之有效的方法。

在这些观察之外，还有一些原因能够解释为什么经济增长仍然是值得为之努力的目标，当然我们必须将产出的质量纳入考虑范围。显而易见，这个世界不光由富有的国家组成。当人均收入在少数工业发达的国家达到一个很高的数值时，还有很多国家的人均收入低于我们认为可以满足基本需求的水平，而这些通常不在我们考虑范围的国家和地区恰恰是多数人生活的地方。非洲的大部分地区、印度、危地马拉、巴西等国的部分地区都还比较贫穷且缺乏基本的生活物资。即便没有大范围的饥荒，缺乏基本物资也会对人们的幸福感造成长期而显著的恶劣影响。在很多发展中国家，收入和财富的分配十分不平衡。巴西金融中心圣保罗的部分人可能与欧洲的生活水平相似甚至更好，但在巴西北部却还有数百个社区，那里的人甚至连一双自己的鞋子都没有，鞋类的缺乏就会演变成寄生虫感染，并严重影响人们的健康、寿命和生活质量。

在这些国家（距离 27 500 美元的门槛还有不小的距离），收入再分配可能对解决贫困问题有所帮助。然而，考虑到这些国家中富裕人口的数量十分小而贫穷人口的数量却非常多，再分配未必能保证每个人都过上体面的生活，生活水平仍然会远低于富裕国家，物资需求也仍然无法满足。拿印度来举个例子，即便将超级富豪的收入纳入考虑范围，同时物价也低于美国，GDP 总量仍不足以提供给每个人体面的生活。参考国际货币基金组织的数据，在 2009 年人均 GDP（包括超级富豪的收入以及贫穷人口的收入）也仅仅稍多于每年 1 000 美元（或每月 83 美元），再结合印度的低物价水平，就可以转换为每年 3 000 美元或每月 250 美元的购买力。而且，这个总数还不是真正的人均，因为该数字包括了政府和军队的开支。这就意味着实际上每个人每月大约有 150 美元花在了食物、住房、健康、取暖、能源、运输、衣着和娱乐上。

对大多数人来说，要想过上体面的生活，经济产出的增长是必不可少的。拒绝百姓用于满足基本需求的物资和服务是残酷的也是不公平的，因此，至少在这些例子中，经济增长应该是最显而易见的解决方法。

支持寻求经济增长的第二个原因是，即便在富足的社会中，也会有贫穷的存在。即使在公认的拥有良好社会保障的富裕国家——德国，当走进某些公共住宅计划区域并看到孩子们所过的生活时也会不禁令人潸然泪下。当然，总会有人幸福感十足，比如拥有众多子女、依靠社会福利生活的父母，家里却摆满了最新的电子设备和最新款的 PSP 和电视游戏机。但是，这并不是全部，即使是在有很多电子产品的家庭中，也可能缺少高质量食物（垃圾食品比新鲜水果和蔬菜便宜），或者书籍，或者对儿童的成长有帮助的其他玩具。更重要的是，并不是所有享受福利的父母都懂得如何利用福利系统，很多情况下，商品和服务的增加意味着家庭状况的优良。但是，我们要知道经济的产出不仅仅只是一台额外的 DVD 播放器或一辆汽车，经济产出也应该提供更多社会服务，例如需要更多护工来看护那些住房计划中被忽视的孩子。当然，有人会说在人均 GDP 保持 27 500 美元的条件下，这些都能实现，只要将收入的一部分再加以分配就可以了，即对中产阶级增加税赋并将所得收入用来支付护工的工资。理论上虽如此，但在民主国家中，要进行如此规模的再分配基本是不可能的。

从上面引用的行为经济学和对幸福感的研究中，我们知道就相对有可能得到的商品和服务而言，人们对潜在可能失去的东西更为敏感，并因此将更多注意力放在了后者上。因此当财政资助社会工作者或其他值得投资的项目时，就意味着向经济的增长量征税比仅仅向现有的收入或财富征税更为可行。所以，尽管更高的 GDP 也许不能自动使我们更幸福，但它却可以帮助好的政府实施有利于穷人的政策。

在全球范围内，这些论调更为重要。显然，由美国及其他发达国家向印度和孟加拉国这些国家进行大范围的重分配可能有利于解决贫穷问题（尽管未必会帮助发展，因为发展并不直接源于转移）。然而，所需的转移数量巨大，并且考虑到对发展未知的影响，同时美国如今所提供的即便微小的官方发展援助都已经十分不流行，这种重分配基本上是不现实的。

生产率的增加可以在更少的工作时间和更高的产量和消费中进行分配，那么选择这两种选项或两者组合的哪一种应该由谁来决定呢？毕竟能够强制整个社会实施某一种选项的大独裁者并不存在。如果人们倾向于增加消费，且人口持续增长，那么经济就不得不增长以适应这些偏好。这就把我们引向了另一个话题：可持续发展是否可能实现？

第二节　协调经济增长与生态可持续性

第二个重要问题是我们的生态环境能否支撑经济的持续增长。毫无疑问，发达工业化国家的增长率将会下降。如果人均收入持续以 2% 的速度增长，这就意味着在下个世纪人均收入将会是现在的 7 倍。然而，经济究竟能不能增长还是个疑问。怀疑论者认为经济增长会不可避免地增加对自然资源的消耗，如化石燃料或金属物等，即便我们仅是在大气中生活也都会带来二氧化碳和其他污染物的增加。简而言之，从环境的角度来说，经济不可能以现有的方式再增长一个世纪，或者说，经济不可能以现有方式维持增长但却不带来灾难性的后果。即使从现在开始 GDP 不再增长，现有的生产和消费结构也不是可持续的。全球变暖和自然资源的稀缺是两个关键的问题。

全球气温正在不停上涨。毫无疑问气温已在过去的一个世纪发生了剧烈增长，并且在过去几十年里，气温变暖的速度越来越快，这种发展所带来的代价对人类和世界经济而言无疑是十分高昂的。在一份英国政府发布的对 2006 年至今的环境变化的回顾报告中，前世界银行首席经济学家尼古拉斯·斯特恩，总结了来自一个庞大队伍的研究成果。斯特恩报告中的主要信息是全球气温每增长 2 摄氏度，都会造成巨大的甚至无法估量的损失。报告称如果不采取行动的话，那么从现在开始，全球 GDP 每年都要减少 5%，如果将更大范围的风险和影响加入考虑范围，那么代价将会增加到 GDP 的 20% 甚至更多。问题在于未来气候变暖的范围及其影响是高度不确定的，消极影响可能比今天所能设想到的更加具有戏剧性。最近几年，人们逐渐认识到，一些之前并未预料到的影响可能会引起气温非线性地逐渐增高，例如，更高的气温将使濒临消失的土壤、森林和变暖的海洋释放更多的二氧化碳。

温室气体排放量的增加大多源于全球人口的增加和发展中

国家生产的增加。在 1976 年至 2004 年间，发达国家人均二氧化碳排放量基本不变，甚至略微减少，从稍高于人均 12 吨降到 12 吨以下，一些发展中国家的二氧化碳排放量仍旧十分低，从 1976 年的人均 2 吨增加到 2004 年的人均 4 吨，其增长主要是从 20 世纪 80 年代开始的。这就意味着，在现在的条件下，任何发展中国家若在 GDP 上实现赶超，都会出现二氧化碳排放量大幅提高的不可持续发展趋势，而且，发展中国家的人口增长也至关重要。我们需要留意，大部分"脏"的工业生产都集中在发展中国家。根据国际能源组织的数据，在 1980 年至 2010 年间，发达国家每年和能源相关的二氧化碳排放量只是从 100 亿吨的水平上略有增长，将会在 2030 年达到 150 亿吨。处于过渡时期国家的排放量停留在 40 亿吨左右，并且未来 20 年中很可能保持这个趋势。然而，据估计，发展中国家的排放量从 1980 年的 40 亿吨增长到了 2010 年的超过 100 亿吨，并且将会在 2030 年达到 200 亿吨。

如今，空气中的二氧化碳含量大约占百万分之四百三十，到 2015 年预计会在百万分之四百五十。斯特恩的报告中指出，二氧化碳含量占百万分之五百时就很危险了，气温比 1850 年的气温高 2 摄氏度的可能性为 95%，气温变化大于 5 摄氏度的可能性为 3%。虽然气温从 1850 年至今仅增加了 0.8 摄氏度，但从历史上来看这已经是增长得十分迅速了。许多科学家认为百万分之五百的二氧化碳浓度已经过于危险了，他们建议将浓度降到百万分之四百。这样气温增长超过 2 摄氏度的可能性将降到

50%，如果30年后再采取实质性措施将会使浓度增加到百万分之五百二十五至五百五十，并将不可避免达到六百，正如斯特恩所说，"那将会是十分危险的区域"。

大多数环境学家认为温室效应是由人类活动造成的，而温室效应是全球变暖的罪魁祸首。温室气体的排放量超过了大自然所能吸收的量，而温室气体吸收量则因雨林的砍伐进一步降低，仅有少部分人认为太阳的某些行为以及与其相关的自然变化造成了全球变暖。如果不考虑这些关于气候变化原因的小的疑虑和气候变化速度与程度的不确定性，除了认同大部分科学家——他们确实不只是社会空想改良家——的观点外我们真的别无选择。如果不采取行动，那我们无异于在玩俄罗斯轮盘赌，只不过手枪中不止有一发子弹，而且我们甚至不能确定是否每个弹仓都装上了子弹。我们也许会很幸运，但一旦失败，其风险和失败后所带来的后果就实在是太严重了。

全球变暖的问题并不只有气温升高而已。气候变暖对水造成的影响最大，后果不仅仅是干旱和洪水这样的极端环境，甚至还有两极冰雪消融及海平面上升（有些情况下可能会上升7米之多）。自然灾害、海平面上升造成的陆地减少和大片区域的沙漠化都将不可避免地带来新一轮的移民和经济与政治上的动荡。

从1950年至今，大约70%的温室气体都来自发达国家（虽然人口仅有10亿，而世界人口为67亿）。鉴于经合组织成员国的排放量将会在未来出现缓慢增长，因此将来大多数的排放量都会增加，如上文所述，这大多将会来自发展中国家。数据表明，由于一系列原因，发展中国家在全球变暖的辩论中处于中心位置。第一，发展中国家表明在过去，排放量大部分来源于发达国家，将所有的改变的重担都压在发展中国家肩上是不公平的。第二，发展中国家是受全球变暖影响最大的，它们通常在地理位置上十分容易受到影响。例如孟加拉国会因海平面上升而遭到严重的打击，非洲的部分地区受到干旱的危害很大而亚洲的部分地区则受季雨的威胁最大，同时，这些国家缺乏在环境变化时保护自己资源的能力。另外，在很多贫穷国家，即便是缓慢的气候变化也都会大幅减缓它们的发展。第三，没有发达国家与发展中国家的合作就没有应对气候变暖的方法。

　　第二个问题是自然资源已经所剩不多了，例如，如今的石油消耗是不可持续的，很快就会用完所有的储备。然而对石油的需求却仍在逐年增加，廉价的石油生产用不了几十年就会达到其最大值——石油峰值，所以这个问题愈发紧迫。国际能源组织（2006）称非石油输出国组织成员国（OPEC）的石油产量将在几年内达到顶峰，它指出日渐增长的需求将会依赖于沙特阿拉伯、伊朗和伊拉克的石油生产，对未来该地区的政治稳定而言这并不是一个好消息，但在OPEC成员国内宽阔又便宜的油田也已十分有限，无法满足快速增长的需求。事实上还有很多石油可用，例如在油砂中和海底的石油，但是，从油砂中提炼石油价格却十分昂贵，而从深海开采石油不仅昂贵而且危险。天然气的情况也大同小异。如果不发生剧烈的变化，那么即使在乐观的情况下，能源短缺和价格波动在未来也不可避免。随着全球变暖，不迅速采取行动而给后代留下沉重的负担是不负责任的做法，可能有人会希望石油顶峰的开始能够减缓全球变暖，然而，那只会增长煤炭的使用并释放出更多的二氧化碳。

世界是否有必要停止发展来减少、阻止或解决这些迫切的问题？这个问题的答案显然是没有。在特定条件下，经济增长的同时也能满足环境的需求。要解决上面提到的问题，经济增长的前景对未来发展是十分必要的。只要经济增长的同时能够保证产生的温室气体量是可持续的，同时节能技术有所创新，那么即使在有限的资源下经济也可以实现一段时间的增长。但是，只要经济增长需要一定量的不可再生资源，那么这种增长就不可能是无限的，只有所用资源是可再生资源，经济才可能实现持续增长。这更说明了，至少从长期来讲，不依靠非可再生资源的生产和消费的重要性。消费和生产中物理性的材料投入，如钢铁、石油或矿石，必须要了解这些资源不可再生，需要以可再生资源加以弥补。只有了解这些，才能最大化利用这些资源和高效利用可再生资源。由于与物质性的商品生产相比，知识的生产不那么依赖资源，所以产生更少的温室气体及消耗更少自然资源的经济增长是可以实现的。

实证表明这种改革是可以实现的。实际上，已经有一些国家做到了在保证经济强势增长的同时显著地减少二氧化碳排放量，瑞典就是个很好的例子。在 1970 年，瑞典由于燃烧化石燃料每年大概排放 9 000 万吨二氧化碳。到了 2007 年，排放量降到了不到 5 000 万吨，而同一时期，消除通胀因素后，瑞典的 GDP 增长了一倍还多，于是，瑞典做到了在保证经济稳定增长的同时减少碳排量。尽管瑞典可能是个特例，因为它使用了大量的风能、水力发电、核能来减少二氧化碳的排放，这个例子仍然说明如果政策制定者制定出合理的制度，并提供足够的激励措施，节约能源还是有很大可能的。瑞典的例子还说明了其他国家的效率还有很大的提高空间，比如 2007 年，美国以购买力计算的人均 GDP 值仅比瑞典高 25%，但美国常住人口二氧化碳年排放量却为 19.1 吨，大约是瑞典的 4 倍。或者换一种说法，如果美国能将它的二氧化碳排量与 GDP 比值降到瑞典的水平，那美国就能在不损失经济产出的情况下降低四分之三的碳排放量。瑞典的例子同时也给中国和其他新兴市场带来了解决碳排放问题的新思路。中国 2007 年人均二氧化碳排放量为 4.6 吨，只比瑞典少十分之一，而中国的人均 GDP 却还不到瑞典的五分之一。因此，如果使用同瑞典相同的技术，那中国将可以接近瑞典的人均经济产出，而二氧化碳排放仅增加 10%。怀疑论者也许会说瑞典只是将那些需要大量排放二氧化碳的生产外包给了中国，这些商品全靠进口，而不是自己生产。这在一定程度上可能是真的。然而，瑞典并不是一个工业生产能力被削弱了的国家，尽管有些人希望这可以解释排放量下降的原因，但瑞典依旧拥有稳定的钢铁和汽车产业，通常来说这两个产业都不是二氧化碳排放量低的行业。这就说明瑞典真正通过提升效率来降低了二氧化碳排放，而不是将排放问题推给别的国家。

当然，瑞典也是个特例。在 2008 年，其电力有 42%来源于核电站，47%来源于水力发电。核能也是一个俄罗斯轮盘赌的例子，虽然发生事故的概率不大——如果概率真的能计算出来的话——但一旦发生事故就会造成很大的灾难。不考虑上述这些条件的话，瑞典的例子告诉我们潜在的技术上的解决办法是存在的，自然环境是可以加以利用的，同样，可以大力发展风能和太阳能。例如，在 2010 年，德国联邦环境局就其能在多大程度上利用可再生能源生产电力出台了一份完整的可行性报告，结果是令人惊奇的：即使是在长期增长的经济大环境中（人均收入在未来 40 年中增长 65%），甚至在增长的制造业中，德国也可以在 2050 年前完全使用可再生能源发电。当然，对德国而言，这种转变需要付出巨大的努力。德国阴冷的冬天、多云的天气和相对缺乏水力发电的条件都不是很有利于可再生能源的生产，然而，据德国联邦环境局称，这种转变的代价小于继续以现在的速度排放二氧化碳。如果全球制造业领先的德国能完全转向可再生资源，那么其他自然环境更有利的国家也应该能实现转变。

技术创新在保证经济可持续发展并减少资源消耗和有害物排放的过程中至关重要。因此问题的关键在于能否在一段时间内保证长期的技术创新。这个问题很难回答，没有人能预测未来，所以我们永远都不会知道这个过程能不能一直持续下去，当下更重要的问题并不是这个过程在遥远的未来能否实现，而是在接下来的 10 年、20 年或 30 年内能否实现。在几十年内，我们可以对技术创新持乐观态度，我们相信只要在生产和消费中有快速和剧烈的改变，这就是可能的。如果我们能在这个十年中持续提高能源利用率、降低资源使用率并实现低碳增长，那么我们的子孙就能进一步讨论经济增长是否可行，也许到那时，我们就能够提高那些生活在贫困阶层中的数十亿人口的生活水平了。

第三节 绿色新政

市场失效不仅可能出现在财政系统运行、就业创造机会和收入分配中，同时还可能出现在对自然环境发挥基本作用时。市场容易受到外部性影响，这就意味着价格体系不能准确地反应成本，那么即使有些商品很宝贵，它们也可能被免费使用。公司和家庭会污染大气，却不对它们自身造成直接影响。例如，如果不警示消费者和生产者全球变暖的代价，那么温室气体就会不断地由汽车行驶和发电而来。雨林中能吸收二氧化碳的树木倒下的代价远大于出卖木材所能获得的利润，不论这些外部因素在哪里发挥作用，都会在个人代价和整个社会代价中造成系统性的断层。而且，资源的稀缺性只能通过不完善的方式反映出来，我们的后代再也没有机会对石油投标了，这些后果导致了市场经济极度的低效和浪费。卡尔·波兰尼早在 1944 年就

提出未调节的市场体制甚至都不能保证社会的持续存在。由于
价格发出错误的讯息，资本主义一直在朝着错误的方向发展技
术。如果自然能够设定一个正确的价格，那么我们如今所用的
技术和周围的世界就会完全不同。从这个角度来说，我们甚至
都不需要说服主流经济学家成为激进的环境学家。如果他们认
真对待自己的模型，他们就必须承认市场这一根本而致命的失
败，温室气体只是市场失败的众多例子之一。尽管大多数国家
都在过去的半个世纪大幅提高了其能源利用率，但随着经济的
增长，它们仍在使用越来越多的资源，所以创新的速度和方向，
或至少是在该领域中所运用的创新，还是远远不够的。

我们现在需要一个详尽而明确的经济政策，并设定一个框
架来加速创新，以使其朝着更高的资源利用率发展，并找到能
将经济增长与环境可持续发展相结合的生产消费方法。我们需
要绿色新政来停止全球变暖的进程，阻止石油高峰和资源短缺
带来的负面影响。旧的政策和美国总统富兰克林·罗斯福有关。
罗斯福总统在19世纪30年代大萧条后出台了新的经济政策，包
括设立新的机构和政府干预。绿色新政将会遇到比罗斯福时期
更大的挑战。现在的危机并不仅仅是经济和社会方面的。由于
全球变暖和资源短缺，我们现在还有未知的挑战，如今更变成
了全球的危机，例如环境问题不能仅仅在一个国家或一些发达
国家的范围内解决。

五个要素对绿色新政来说是必不可少的。第一，能源和其
他不可再生资源的使用必须付出更高的价格。如果石油还是像

20 世纪 90 年代甚至 20 世纪中期一样便宜，那节约能源的动力就还是会很低。第二，开发者和投资者必须知道能源和其他不可再生资源的价格会一直维持在较高的水平。只有当依靠一个石油和其他资源的最低价格时他们才会确信节约资源的创新在将来一定会实现。这两点的解决办法相对比较简单，即加重使用非可再生资源的赋税并让税金随时间增加，这样税金就会成为利用这些资源的最低限价，例如，即使石油的税前价格维持在较低水平，但由于高昂的税率，其最后售价也会很高昂。如我们之前所说，现在流行的欧洲遵守的交易排放许可并不那么合适，因为这会造成资源价格的大幅波动，使公司失去稳定的可预测的最低限价——这也是我们反对市场碳交易的原因之一。除此之外，要改变价格的结构，禁令、规定和调控都是必不可少的。第三，政府需要为新兴的环保产品创造市场。公司一般都不敢开发新型的能效高的产品，因为他们不确定产品投放市场后消费者是否会去买这些新产品。一些技术只有在使用的人足够多的时候才能切实成为可能。只有在有了充足的加气站之后人们才会去买氢能源汽车；同时，除非由足够的客户使用氢能源汽车使得加气站可以盈利，不然个人是不会建造这些加气站的。某些技术可能还有影响其传播的坏名声，例如氢能源汽车会被很多人认为过于危险。在这些情况下，政府需要当一个领导者，生产一些特定的产品。政府发布的将在未来实现新建公共建筑零二氧化碳排放标准的声明，或只是购买一定二氧化碳排放量的汽车作为警车，都会帮助企业相信新产品将有稳定的市场需求，进而解决上面提到的自相矛盾的困境。第四，政府需要更直接地推进创新。对个人而言，一些研究项目可能太大或成果太不确定，所以人们不敢承担，而且，一项特定的创新虽然未必能为其本身直接带来经济利益，却可能为造福整个社会的资源利用率提供帮助。在这种情况下，对研究可再生能源和提高资源利用率的机构来说，政府应该增加对其直接的资金支持。第五，政府必须采取综合的、长期的基础建设项目，并且这些项目要有利于更多环境友好的生产和消费。要想从基础上改变结构，政府可以从能源生产、公共和私人运输、公共设施和城市规划着手，而这些领域很多都过于私有化，除了给公司带来利益外并没有什么积极的影响。大型的公共事业单位，特别是在基础建设领域，可以带来向着环保型消费发展的剧烈变化。基础建设中的变化、价格结构的变化以及政府对绿色研究和创新的支持，可以激发公共和私人的长期投资兴趣，从而保证增长与环境改变共存。从中期来看，没有增长，根本性的改变是不可能发生的。

原则上来说，所有这些事情都可以由任何领先的经济体来推动，如美国、欧盟甚至一些新兴经济体。当然，如果单方面实施诸如针对资源使用的政策，那么那些资源密集的产业就有可能转移到税率较低的地方，因此，必须在二十国集团中达成某项共识。另外，单方面实施高污染税率的国家可能从其本国企业的节能技术的高速发展中获利。万不得已的情况下，可以考虑诸如因二氧化碳密度变换而变化的关税等新型政策。

一些经济学家一直认为提高资源利用率的发明可能会有"反弹作用"，最后会造成更多而不是更少的污染和资源消耗。他们举例说比如汽车变得更加节省燃料，行驶一英里的价钱会减少，因此开车的需求就会增多，最终什么都没有得到。这些经济学家通常会引用历史上的大量轶事来支持他们的观点，例如，尽管在 1920 年至 1995 年间英国街灯的效率已经上升了 20 倍，但效率提升的效果也会被街灯数量和亮度抵消，最终，每英里道路的电力消耗增加了 25%。如果不考虑这些栩栩如生的轶事，至少对那些希望吸取一些经验的人来说，这种观点是站不住脚的。尽管过去在经济增长中对资源消耗的增加可能超过了效率提高所带来的节省，我们也没有理由认为事情会一直这样，特别是当政府通过干预来阻止对资源的过度消耗时。能源的消耗在过去 150 年中增长了很多，原因之一是能源的价格并没有增长多少。尽管自 20 世纪 50 年代以来石油的价格增加了很多，但这种价格的上涨与其他商品和服务的价格相比就微弱了很多。实际上，以美元计量的购买力来作为衡量标准，一桶原油在 20 世纪 90 年代中期的价格并没比 1900 年的价格贵多少。只有在 2005 年后石油的价格才真正增长到了前所未有的高度。总体而言，在二战后经济强势增长的长时间里（除去石油危机后的几年），能源的价格都便宜得不成比例，既然在这段时间内石油还是便宜货，也就难怪对能源需求的增长会比能源利用率的增长要快了。然而，石油的低价并不是自然法则，如上面所说，政府应该插手能源市场，对能源消耗征税，且税率应每年增加。如果增加的速率足够快，那么不考虑技术进步的话，耗能较多的服务，如空中旅行、供暖或者空调就不会更便宜。如果这些服务的价格没有下降，甚至增加了，就没有必要期待对这些服务的需求增长的速度要快于高能源利用率节省的速度。因此，明智的政府应该避免剧烈的反弹效应。

第四节　未来我们能够生产什么

有些读者可能会说我们自相矛盾了，因为如果我们想要保证经济增长，而对高耗能服务——如空中旅行——的需求又不增长，那么应该生产和销售什么东西呢？总之，如汽车、房屋、冰箱或电视机等日常商品生产使用的都是非可再生资源。答案的一部分在于GDP（以及经济增长）的计量和计算方法。很多人认为经济产出只是通过工厂每年生产的汽车、DVD或T恤衫等来计量，但这种观念是错误的。一是GDP应该考虑到质量的提高；二是GDP的很大一部分（并还在继续增加）是由服务带来的，而服务并不是十分的资源密集性行业。

第一点十分重要，因为那意味着从现有的商品向环境友好的商品和服务的转变可能会带来GDP的增加，进而造成经济增长。使用年限更长并更加环保的物品通常都比普通商品更昂贵，也更值钱。如今，买一辆每100千米耗油6升的汽车（每加仑

47 千米）要比买每 100 千米 10 升（每加仑 28 千米）的汽车要贵，例如，大众高尔夫，一款畅销的德国车，市场上有两个版本：消耗 6.4 升（每加仑 71 千米）的普通引擎车型比只消耗 3.8 升（每加仑 119 千米）的车型便宜 30%（截至本文撰写时——2010 年 9 月）。因此，更节能的高尔夫会向 GDP 多贡献 30%。所以，如果将来所有的汽车都生产成节能版的，而不是普通版的，即使汽车产量没有增加（而且，如果只是新车替代旧车，道路上的汽车数量并不增加），汽车板块的价值也会增加 30%（经济中这部分的 GDP 同样增加 30%）。

第二点说的是新服务计入 GDP 的方式与额外的电视机或汽车计入 GDP 的方式是一样的。如果我们找一个长期失业的人（且他没有机会进入劳动力市场），让他每天去给我们的祖父母读两个小时书或带他们出去散步，GDP 也会增加（只要这项服务是收费的）。GDP 是一个国家所有生产并消费的商品和服务的总和。如果市场由某种服务组成，或者其在健康、教育、儿童托管、娱乐或养老等领域的服务增加，GDP 就会增加。当然，我们要找到支付这些服务的方法，我们要找到支付所有产品和服务的方法。由于服务提供者会挣钱并花在其他商品和服务上，这会增加税收，因而这不应仅仅是宏观问题。如果从福利的角度来看，因提供新服务而增加的幸福感要比额外拥有的一台电视机增加的幸福感更多。

所以，一辆汽车可以开 30 年（每 100 千米耗三升油）、老人可以得到更多个人的看护并且普通家庭每周能够吃到三次由知名饭店一级厨师料理的有机食物的社会下的 GDP，应该会比我们现在汽车 10 年就得更换、老人每周只由家人看护 30 分钟而且大多数人吃的只是微波炉加热的提前做好的食物的社会下的 GDP 更高。因此从后者向前者的改变，可以提供许多年的经济增长。

市场的力量一般不会导向这种资源节约型的社会。再一次地，政府需要指出正确的方向、提供动力、平衡税收并管理特定服务的报酬，而私营企业可能出于多种原因并不会直接赞助这些行动。

第五节　更多的闲暇时间

与提高资源效率紧密相关的问题是持续增长的劳动力效率。技术的发展不仅使能源和资源更进一步，也使生产一辆车或一双鞋所需的工作时间持续减少。因此，我们社会中可生产商品和服务的数量在不断增长。如我们前面所看到的，理论上讲这种进步是有利的，但我们离基本需求都被满足的富裕社会还差很远，更不要提还有几十亿人生活在贫困当中了。更平衡的收入分配和更稳定高效的税收收入可以为这个商品和服务持续增加的社会提供新的需求。

然而，即使收入的平稳增长能比过去几十年更好地支撑平稳的消费需求增长，但其是否能够一直用所有工人每周工作40小时的供给来维持需求增长却还是未知的。值得注意的是，如大部分经济学家所说，市场并不会自动将生产率转换成经济产出，它还会造成失业。如果劳动年龄人口持续增长并造成劳动力供给持续增长的话，问题就会更加尖锐，资本主义缺乏自动给额外的人口提供更多就业机会的机制。如果随着经济繁荣，人们不知道如何花掉他们额外的收入并由于缺乏消费需求而增加储蓄，同时政府无法找到恰当的方法征税并花掉多余的个人收入，那么就会出现长期的需求小于供给的情况了。

在本书中，作为中期的战略，我们首先提议应将全面增加经济需求作为解决方法，这可以通过从消费欲望较低的富裕家庭向消费欲望稍高的贫穷家庭进行再分配而实现。但是，即便考虑到上面所提到的条件，也不能迷信生产一定会增加的说法。但从长远来看，在成熟的社会中，持续增长的人均产出可能会成为目标。

提高的生产率当然也可以用来提供更多的闲暇时间，这可以在消费的缓慢增长和工作时间的逐渐减少中得到证明。成熟的工业社会必须考虑到多种多样的工作时间减少，实际上从工业化开始时，这已经发生过好多次了。在欧洲次贷危机和政府债务危机的压力下，出现了减少支出、增加工作时间的趋势，但这项政策毫无意义，并且会加重失业问题。如果长期增长并不是首选的或者不需要增加福利，那么工作时间就需要被调整到不会引起失业问题的程度。不过话虽这么说，但要大幅减少工作时间却仍是相当困难的。凯恩斯在 19 世纪 30 年代就发现，这和能够适应低增长的系统本身并没有太大关系，而与增长紧密相连的社会态度有关，并和人们在满足基本需求后的持续消费欲望密切相关。

如今关于新增长模型的讨论不能忽视上述这些基本条件，并且在任何一种经济和社会模型中，工作时间减少都必须是其模型组成的一部分。生产率增长可以在一定程度上用来减少工作时间，某种程度上也需要以实际工资提高为代价，当然，人们是否同意减少工作时间要看收入如何分配。由于依旧有物质需求没有满足，因此收入分配低端的人们不会愿意减少工作时间，只有当收入分配问题得到合理解决时，他们才会同意减少工作时间来享受闲暇。

结　论

开启一页新篇章

现在，许多读者也许会认为构建一种得体的资本主义应该与资本主义强有力的动态创新能力相结合，同时追求公正、平等、可持续、人类进步和稳定仍然是人们的心愿。这虽然听起来很不错，但是能够完全实现吗？改变游戏的规则和转变政府、社会和市场在地方、国家及世界上的角色，也许会使那些在现行资本主义制度下获利的少数权力者失去其现有的利益。

然而我们认为改变并不是没有希望，因此我们仍然主要讨论当前的资本主义及其变革。经济的历史发展中均伴随着观念及经济制度结构的深刻改变，例如，在之前很长的一段时间内，人们认为金钱不以稀有金属为支撑是难以置信的，而今天主要依赖的纸币就可以在银行兑现了。在 20 世纪 30 年代的大萧条开始时，人们认为政府不应该也不能采取行动来抵消经济波动。由罗斯福颁发的新政改变了当时社会的权利关系，改良了经济系统，加强了工会和劳工机构的权利并改变了收入分配，但同时，凯恩斯在他的一般理论中却把这种思想给否定了。直到 2007 年，实际上没有人会相信美国和英国的政府会变成其最大私有银行的股东，但今天，两个国家大部分的金融系统都依赖政府或公共所有权。如果这种发展伴随着市场和政府关系的持续改变，那么这些改变就像我们知道的一样会在经济中顺次发生，这些改变不仅仅是特定规章或经济形势的新观点或客观需要的结果。就像政治行为一样，观点会随着那些最有权利说明和实施其现实见解的人的利益而改变，正如我们在最近的经济危机中看到的许多例子一样，国有化银行并不意味着社会主义处在地平线上的黎明时期，有人甚至持相反的观点，银行的国有化或者对整个银行系统的救助只是为了维持政府和市场的现状。

尽管如此，危机对于那些更加彻底的改变来说可能是个机会。危机允许我们对于所有的教条和那些被分配下去而没有人质问的利益表示怀疑；危机使得我们有机会停下脚步，去反思在过去几十年中经济出现了哪些问题，以及为什么经济系统在很多方面还存在着缺陷。对于很多人来说，全球市场化使得他们的生活变糟糕了。许多人的生活出现了更多的危险或社交孤立，就业和社保制度也逐渐暴露在不稳定的金融市场中，而危机以及新管理方法的出现则扰乱了人们的职业规划及日常生活。就像本书提到的，这不仅仅有损道德，而且也会危害经济生产。越来越多的人感觉到社会正由一个动荡和无法控制的市场支配，社会凝聚力或被冷漠或被社会暴乱所破坏。面对这些危险，在各方面执行更好的全球监管便势在必行，例如最近的一次危机允许政治和社会人员把公共图书馆的关闭和百万美元救助管理失误的货币机构的计划联系起来，对无所不在的市场自由主义噪音长时间沉寂的社会而言，其中仍有政治对抗的空间。

有一件事是很清楚的，即得体的资本主义不会由当前体制下那些不受监管的投机商所创造。他们的利润过于依赖某些特权，而他们却不会将这些特权转移给公众控制。恰恰相反，它仅仅是全球金融精英的一副安慰剂而已，对更深层次的改革来说，正如本书中讨论的一样，笔者认为，当前金融资本主义的根本权力关系将有所改变，这意味着国家和市场之间的关系将不得不从根本上加以重新平衡。

这种变化的一个必要前提是对市场功能和市场失灵及其参与者要予以深刻理解，并且要使人们明白发生了什么事。严重的经济混乱和危机都生动地阐明了这个故事，因为它们打开了去了解资本主义断层的机会，这样的转折点是国内和国际金融市场参与者过多，监管不足行为的最显著特征。其特定的激励结构（支付奖金）及跑赢大盘（标杆管理）的结构的必要性，审慎监管和调控的系统性缺乏形成了恶性循环，从而在 20 世纪后期引发了资本主义有史以来最深刻的一场危机。然而，我们已经表明，集中于市场功能缺陷的一个方面尚不能够打破这个恶性循环。这就是为什么我们要深刻理解这一糟糕经济体制的原因，将单个的破坏型经济行为加以独立，并不会治愈经济体系的结构性缺陷。多德·弗兰克华尔街改革英国的维氏计划或德国对某些短期抛售金融产品的禁令都在向正确的方向发展，但它们没有扭转当前资本主义的全部甚至主要的缺陷。

无论是政治意愿还是最终的政治权利，这样的第一步是否会开启一个拥有更加深远的建议和具体措施的奋斗期，是值得进一步商榷的。因此，实施最初的改革来推动长期改变是十分重要的。然而，这些小步骤或许具有安慰剂效应，从而给政治家和民众提供一些错误性的安慰，但实际上对于整个系统的运行却不会产生影响或只有轻微的影响。在这种情况下，"得体资本主义"的改革势头很可能会失去动力，进而很快消失。正如伟大的思想家西奥多·阿多诺在 1969 年夏天的最后一次广播节目中所说，世界上存在一种反对任何形式的授权和释放的奇妙工作机制。他认为，任何一种试图将社会与个人（我们自己）变得更成熟的尝试都会暴露在不可名状的对立之中，因为世界上所有的自私与贪婪的习惯都有其坚实的拥护者，这些拥护者会向你证明任何你想要的东西都是不必要的或不切实际的。继续向前推动的政治改革必须要建立在新的故事之上，既要对抗旧有既得利益者的反对，也要防止将议程设置移交给那些将要被削弱权利的机构。

我们提出了一个具有持久改革动力的改革方案。这个改革方案不仅仅局限于对金融监管制度的讨论，而是由金融部门和金融机构的专家所领导。这也是我们虽然认识到市场的失灵，却仍然坚持在市场经济环境中讨论金融监管问题的原因。

我们已经制定出这样一套规定，一旦融入市场，便能充分发挥市场中各个物品最本质的活力，但是同时也能尽可能地降低失败的几率。发达资本主义国家的市场应该充分释放创新和效率的潜能。这些市场同政府监管机构一样，都是构建公平社会和实现可持续经济模式的一个必不可少的工具。

市场需要私人产权，但是它与其他形式的所有权也是相容的，不同形式所有权的最佳混合形态在理论上尚无法确定，而取决于传统和许多其他因素，在此背景下，经济民主是一个关键概念。所有的股东，尤其是企业的雇员，应该在企业管理层的决策中拥有一定的话语权。关于公司所有权的争论需要更加客观，选择何种形式的所有权应该基于权宜考虑，例如提供水、电力等公共服务或是垃圾处理。如果私人企业总是将精力放在支付更低的工资或是迫使雇员在危险的环境下工作方面，那么它们将会变得更没有效率。

市场是解放的工具。与市场经济社会相比，其他已知的包括计划经济在内的所有社会形态，更多是通过上下级关系和人与人之间的从属关系来组织的，即对比市场社会，个体的选择范围更窄。原则上来说，市场经济社会为自我实现提供了更好的架构，它们允许个体决定消费何种商品、提供多少劳务以及是否要开展商业活动，然而，那些没有收入或不能够供给劳务的人却被市场排除在外。总体上来说，社会中最弱势的群体通常被命运所折磨，反之，很大一部分富人却获得了不是通过自己努力就能得来的收入。较多的高收入者依赖其继承的财富产生的利息和股息生活，缺乏规则的市场会导致更大的收入分配及社会参与的差距。

正如本书所说，金融市场造成了过度的剩余。因为金融市场与其他市场例如衬衫纽扣市场相比，对经济系统有着更为整体的影响。当市场需要被矫正时，国家必须介入并加以干预，而其他市场，比如劳务市场，同样趋向于不为人们所乐见的结果。此外，毋庸置疑，市场已经在生态问题上造成了巨大损失。总之，市场是一个好仆人却不是一个好主人。我们必须给予市场清晰的任务、规制和界限。

然而，除了限制市场力量之外，我们的建议也有另一个非常重要的方面，使得国际开放的市场经济更加健康和持久。当前的自由市场具有一定风险，全球化可能存在问题和不被信任，从而引起不利于全球经济和社会联合的政治风波。最近的这次危机已表现出牺牲其他国家的利益来追求自己国家利益的现象，一些国家采取的刺激方案包含着刺激国内产品购买的因素。几乎所有的人，关心的是大部分资金并没有花在使邻国受益的进口上。我们看到了真正的危险，如果无法克服次贷危机的后果，以及政治家没有为人们带来生态和社会的可持续发展，那么各种政治力量将会解体，世界经济也会分化为独立的部分。

保护主义或者竞争性贬值的发展无法消除，更不用提那些经历严重货币危机国家所面临的信用降级，这会使我们回到两次世界大战时期。这一时期对经济复苏的冲击不断，世界经济越来越陷入更深的危机，这只会阻碍全球化的积极影响。而近几十年的全球化已经帮助数百万人摆脱了贫困，特别是亚洲地区。国际贸易本身没有问题，它为我们带来了过去无法想象的大量商品和服务。当然国际贸易也必须公平，以及考虑运输的生态影响。全球化的崩溃，正如一战之后，将使得人类面临的很多急迫问题难以解决，包括环境危机，如石油和水等自然资源的短缺问题。这些问题本身需要通过全球方式来解决。

认为一国的改革方案是避免灾难的唯一方式的观点应该被谨慎看待。最坏的结果可能很久才会发生。尽管危机并没有导致经济全球化的崩溃，适当的行动仍然是急需的。正如我们刚刚经历的全球经济危机可以毫无预兆地在任何时候发生，并导致数百万人口失业和陷入贫困一样。如果我们不能在这种资本危机发生后采取行动（尽管我们拥有的科技使我们能够采取行动），我们将会为未来经济和社会的不断恶化负责任。

参考文献

［1］AKERLOF G A, SHILLER R J. Animal spirits ［M］. Princeton：Princeton University Press, 2010.

［2］ARIYOSHI A, HABERMEIER K, LAURENS B, OTKER-ROBE I, CANALES-KRILJENKO J I, KIRILENKO A. Capital controls：country experiences with their use and liberalisation ［R］. Washington D. C.：IMF Occasional Paper 190, 2000.

［3］BISPINCK R, SCHULTEN T. Re-Stabilisierung des deutschen Flchentarifvertragssystems ［J］. WSI Mitteilungen, 2009, 62：201-209.

［4］BLACK F, SCHOLES M. The pricing of options and corporate liabilities ［J］. Journal of Political Economy, 1973, 81：637-654.

［5］BLINDER A, YELLEN J L. The Fabulous Decade：Macroeconomic lessons from the 1990s ［M］. New York：Century Foundation Press, 2001.

[6] BOSCH G, KALINA T, WEINKOPF C. Niedriglohnbeschäftigte auf der Verliererseite [J]. WSI Mitteilungen, 2008, 61: 423-429.

[7] BUETTNER T, RUF M. Tax incentives and the location of FDI: evidence from a panel of German multinationals [J]. International Tax and Public Finance, 2007, 14: 151-164.

[8] CARD D, KRUEGER A B. Myth and measurement: the new economics of the minimum wage [M]. Princeton: Princeton University Press, 1995.

[9] CARDARELLI R, IGAN D, REBUCCI A. The changing housing cycle and the implications for monetary policy [R], Washington D. C.: International Monetary Fund, World Economic Outlook, 2008.

[10] CIA. The world factbook [R]. Washington D. C.: CIA, 2010.

[11] CIA. The world factbook [R]. Washington D. C.: CIA, 2013.

[12] COHEN B J. 'Towards a leaderless currency system', in E, Helleiner and J. Kirshner (eds), The Future of the Dollar [M]. New York: Cornell University Press, 2009.

[13] DODD R. Subprime: tentacles of a crisis [J]. Finance and Development, 2007, 44 (4): 15-19.

[14] DOOLEY M, FOLKERTS-LANDAU D, GARBER P. An

essay on the revived Bretton Woods System [J]. NBER (National Bureau of Economic Research) Working Paper, 2003, No. 9971.

[15] DORNBUSCH R. Exchange rate expectations and monetary policy [J]. International Economics, 1976, 6: 231-244.

[16] DORNBUSCH R. From stabilisation to growth [J]. NBER (National Bureau of Economic Research) Working Paper, 1990, No. W3302.

[17] DORNBUSCH R, FRANKEL J. 'The flexible exchange rate system: experience and alternatives', in S. Borner (ed.), International Finance and Trade in a Polycentric World [M]. London, 1988.

[18] DULLIEN S. Eine Arbeitslosenversicherung für die Eurozone: Ein Vorschlag zur Stabilisierung divergierender Wirtschaftsentwicklungen, in der Europäischen Währungsunion [R]. Berlin: SWP-Studie 2008/S01, 2008.

[19] DULLIEN S, FRITSCHE U. How bad is divergence in the euro zone? Lessons from the United States and Germany [J]. Journal of Post Keynesian Economics, 2009: 31 (3): 431-457.

[20] EICHENGREEN B, HAUSMANN R. Other people's money: Debt domination and financial instability in emerging market economies [M]. Chicago: University of Chicago Press, 2005.

[21] European Commission. The labour income share in the European Union [R]. Brussels: European Commission, 2007.

[22] FAMA E. Efficient capital markets: a review of theory and empirical work [J]. Journal of Finance, 1970, 25: 383-417.

[23] Federal Reserve Bank. Fedstats: economic and financial Data for the United States [R]. St Louis: Federal Reserve Bank, 2010.

[24] FISHER I. The debt-deflation theory of great depressions [J]. Econometrica, 1933, 1: 337-357.

[25] FRIEDMAN M. 'The case for flexible exchange rates', in M. Friedman, Essays in Positive Economics [M]. Chicago: University of Chicago Press, 1953.

[26] FRIEDMAN M. The role of monetary policy [J]. American Economic Review, 1968, 58: 1-17.

[27] FRIEDMAN T. Hot, Flat and crowded [M]. London: Penguin, 2009.

[28] Financial Stability Forum (FSF). Ongoing and recent work relevant to sound financial systems [R]. Secretariat: FSF, 2008.

[29] FUNNELL W, JUPE R, ANDREW J. In government we trust: market failure and the delusions of privatisation [M]. London: Pluto Press, 2009.

[30] GALBRAITH J K. The new industrial state [M]. Boston: Houghton Mifflin, 1967.

[31] GOODHART C A E. The regulatory response to the finan-

cial crisis [M]. Cheltenham: Edward Elgar, 2009.

[32] Green New Deal Group. A green new deal: joined-up policies to solve the triple crunch of the credit crisis, climate change and high oil prices, 2008 [CP/DK]. http: //www. neweconomics. org/publications/green-new-deal.

[33] HEIN E. Money, distribution, conflict and capital accumulation [M]. Houndmills: Palgrave Macmillan, 2008.

[34] HELLEINER E, KIRSHNER J. The future of the dollar [M]. New York: Cornell University Press, 2009.

[35] HELLWIG M. Systemic risk in the financial sector: An analysis of the subprime-mortgage crisis [R]. Bonn: Max Planck Institute for Research on Collective Goods, 2008.

[36] HERR H. 'The international monetary system and domestic policy', in D. J. Forsyth and T. Notermans (eds), Regime changes: macroeconomic policy and financial regulations in Europe from the 1930s to the 1990s [M]. Providence: Berghahn Books, 1997.

[37] HERR H. 'Capital controls and economic development in China', in P. Arestis and L. F. De Paule (eds), Financial liberalisation and economic performance in emerging markets [M]. Cheltenham: Edward Elgar, 2008.

[38] HERR H. The labour market in a Keynesian economic regime: theoretical debate and empirical findings [J]. Cambridge Journal of Economics, 2009, 33: 949-965.

[39] HERR H. Credit expansion and development: a Schumpeterian and Keynesian view of the Chinese miracle [J]. Intervention: European Journal of Economics and Economic Policy, 2010, 7: 71-90.

[40] HERR H. 'Money, expectations, physics and financial markets: paradigmatic alternatives in economic thinking', in H. Ganssmann (ed.), New Approaches to Monetary Theory: Interdisciplinary perspectives [M]. Abingdon: Routledge, in press.

[41] HERR H, KAZANDZISKA M. 'Wages and regional coherence in the European Monetary Union', in E, Hein, J. Priewe and A. Truger (eds), European Integration [M]. Marburg: Metropolis Verlag, 2007.

[42] HERR H, KAZANDZISKA M. 'Asset price bubble, financial crisis and deflation in Japan', in S. Dullien, E. Hein, A. Truger and T. van Treek (eds), The World Economy in Crisis: The return of Keynesianism? [M]. Marburg: Metropolis, 2010.

[43] HERR H, KAZANDZISKA M. Macroeconomic policy regimes in western industrial countries: theoretical foundation, reform options, case studies [M]. Abingdon: Routledge, in press.

[44] HERR H, KAZANDZISKA M, MAHNKOPF – PRAPROTNIK S. The theoretical debate about minimum wages [M]. Berlin: Global Labour University Working Paper, 2009.

[45] ILO (International Labour Organisation). Global Wage Report [R]. Geneva: ILO, 2008.

[46] IMF (International Monetary Fund). Financial stress and deleveraging: macro-financial implications and policy [R]. Washington D. C.: Global Financial Stability Report, 2008.

[47] International Energy Agency. World Energy Outlook 2006 [R]. Paris: IEA, 2006.

[48] JOHNSON H G. 'The case for flexible exchange rates', in H. G. Johnson, Further Essays in Monetary Economics [M]. Winchester: Allen & Unwin, 1972.

[49] KALECKI M. Theory of economic dynamics [M]. New York: A. M. Kelley, 1969.

[50] KAMINSKY G L, REINHART C. The twin crises: the causes of banking and balance-of-payments problems [J]. American Economic Review, 1999, 89: 473-512.

[51] KELLERMANN C. Die Organisation des Washington Consensus: Der Internationale Währungsfonds und seine Rolle in der internationalen Finanzarchitektur, Bielefeld: Transcript Verlag, 2006.

[52] KELLERMANN C. Der IWF als Hüter des Weltgelds? Zum chinesischen Vorschlag einer globalen Währung [C]. Berlin: Friedrich-Ebert-Stiftung, Internationale Politikanalyse, 2009.

[53] KELLERMANN C, KAMMER A. Deadlocked European tax policy: which way out of the competition for the lowest taxes? [J]. Internationale Politik und Gesellschaft and International Politics and Society, 2009, 2: 127-141.

［54］KELLERMANN C, RIXEN T, UHL S. Unternehmensbes-
teuerung europäisch gestalten, Internationale Politikanalyse ［ M/
OL］. Friedrich – Ebert – Stiftung, 2007. http: //library. fes. de/pdf-
files/id/04761. pdf.

［55］KEYNES J M. The end of Laissez–Faire ［M］. London:
Hogarth Press, 1926.

［56］KEYNES J M. The pure theory of money, in Collected
Writings, Vol. V ［C］. London and Basingstoke: Treatise on Money,
Vol. I, 1930.

［57］KEYNES J M. Towards the general theory ［C］. London:
Collected Writings, Vol. 8, Macmillan, 1933.

［58］KEYNES J M. The general theory of employment, interest
and money ［M］. London: Macmillan, 1936.

［59］KEYNES J M. The general theory of employment ［J］.
Quarterly Journal of Economics, 1937, 51: 209–223.

［60］KEYNES J M. 'Proposals for an international clearing u-
nion', in J. K. Horsfield (ed.), The International Monetary Fund
1946—1965, Vol. 3 ［M］, Washington DC: Documents, 1969.

［61］KINDLEBERGER C P. The world in depression, 1929—
1939 ［M］. 2nd enlarged end, Berkeley: University of California
Press, 1986.

［62］KINDLEBERGER C P. Manias, panics, and crashes: A
history of financial crises ［M］. 3rd ed. New York: Basic Books,

1996.

[63] KRUGMAN P. The conscience of a liberal [M]. New York: W. W. Norton & Co., 2007.

[64] KRUGMAN P. The return of depression economics and the crisis of 2008 [M]. New York: Norton, 2009.

[65] KRUGMAN P, OBSTFELD M. Internationale wirtschaft [M]. München: Auflage, 2006.

[66] LAROSIERE J, et al. Larosière report for the European Commission, high level group on financial supervision in the EU [M]. Brussels: European Commission, 2009.

[67] LAYARD R. Happiness: Lessons from a new science [M]. London: Penguin, 2006.

[68] LAYARD R, NICKELL S, JACKMAN R. Unemployment: macro-economic performance and the labour market [M]. Oxford: Oxford University Press, 1991.

[69] LAZONICK W. The quest for shareholder value: stock repurchases in the US economy, 2008 [M/OL]. http://www.uml.edu/centers/CIC/Lazonick_ Quest_ for_ Shareholder_ Value_ 20081206.pdf.

[70] LEVY F, TEMIN P. 'Institutions and wages in post-World War II America', in C. Braun and B. Eichengreen (eds), Labour in the Era of Globalisation [M]. Cambridge: Cambridge University Press, 2010.

[71] LIND D. Between dream and reality, Working Paper for FES Nordic Countries [M/OL]. Stockholm: Friedrich Ebert Foundation, 2010. http://www.fesnord.org/media/pdf/100308_ Daniel%20Lind%20english.pdf.

[72] LUCAS R E, JR. Studies in business cycle theory [M]. Cambridge: MIT Press, 1981.

[73] MARX K. Das Kapital: Kritik der politischen Ökonomie [M]. Berlin: Band I, Marx−Engels−Gesamtausgabe, Zweite Abteilung, Bd. 5, 1867.

[74] MINSKY H P. John Maynard Keynes [M]. New York: Columbia University Press, 1975.

[75] MUNDELL R. Currency areas, exchange rate systems and international monetary reform [M/OL]. Argentina: Paper delivered at Universidad del CEMA, Buenos Aires, 2000. http://www.columbia.edu/~ram15/cema2000.html.

[76] NAUGHTON B. The Chinese economy: transition and growth [M]. Cambridge: MIT Press, 2007.

[77] OCAMPO J A. A 7−Point plan for development friendly reform, in re−defining the global economy, dialogue on globalisation [M]. New York: Occasional Papers, Friedrich Ebert Foundation, 2009.

[78] OECD. Transfer pricing guidelines for multinational enterprises and tax administrations [R]. Paris: OECD, 2001.

[79] OECD. The effectiveness and scope of fiscal stimulus, Economic Outlook Interim Report [R]. Paris: OECD, 2009.

[80] OECD. Addressing the labour market challenges of the economic downturn: a summary of country responses to the OECD-EC questionnaire [R]. Paris: Background paper for the OECD Employment Outlook, 2009.

[81] PIKETTY T, SAEZ E. How progressive is the U. S. federal tax system? A historical and international perspective [J]. NBER Working Papers 12404, 2006.

[82] POLANYI K. The great transformation [M]. Boston: Beacon Press, 1944.

[83] POLLIN R, BRENNER M, WICKS-LIM J. A measure of fairness: the economics of living wages and minimum wages in the United States [M]. New York: Cornell University Press, 2008.

[84] POLLIN R, GARRET-PELTIER H, HEINTZ J, SCHARBER H. Green recovery: a program to create good jobs and start building a low-carbon economy [M]. Washington DC: CAP, 2008.

[85] POSNER R A. A failure of capitalism: the crisis of '08 and the descent into depression [M]. Cambridge and London: Harvard University Press, 2009.

[86] PRIEWE J, HERR H. The macroeconomics of development and poverty reduction: strategies beyond the Washington Consensus [M]. Baden-Baden: Nomos Verlag, 2005.

[87] RAJAN R G. Has financial development made the world riskier? [J]. National Bureau of Economic Research Working Paper, 2005, No. W11728, Cambridge, Mass.

[88] RAJAN R G. Fault lines: how hidden fractures still threaten the world economy [M]. Princeton and Oxford: Princeton University Press, 2010.

[89] RAPPAPORT A. Creating shareholder value: the new standard for business performance [M]. New York: Free Press, 1986.

[90] RAPPAPORT A. The economics of short-term performance obsession [J]. Financial Analysis Journal, 2005, 61: 65-79.

[91] REICH M. 'Minimum wages in the United States, politics, economics, and econometrics', in C. Braun and B. Eichengreen (eds), Labour in the Era of Globalisation [M]. Cambridge: Cambridge University Press, 2010.

[92] RODRIK D. Who needs capital-account convertibility? [C]. Essays in International Finance, No. 207, 1998.

[93] ROUBINI N, MIHM S. Crisis economics: a crash course in the future of finance [M]. New York: Penguin, 2010.

[94] SARGENT T J. Macroeconomic theory [M]. New York: Academic Press, 1979.

[95] SARGENT T J, WALLACE N. Rational expectations and the theory of economic policy [J]. Journal of Monetary Economics,

1976, 87: 169-183.

[96] SCHULMEISTER S. Profitability of technical currency speculation: the case of yen – dollar trading 1976 – 2007 [J]. Vienna: WIFO Working Papers, 325/2008.

[97] SEN A. Development as freedom [M]. Oxford: Oxford University Press, 1999.

[98] SHACKLE G. Time in economics [M]. Amsterdam: North Holland, 1958.

[99] SHILLER R. The subprime solution [M]. Princeton: Princeton University Press, 2008.

[100] SOSKICE D. Wage determination: the changing role of institutions in advanced industrial countries [J]. Oxford Review of Economic Policy, 1990, 6: 36-61.

[101] SRAFFA P. Production of commodities by means of commodities: prelude to a critique of economic theory [M]. Cambridge: Cambridge University Press, 1960.

[102] STERN N. The economics of climate change: the stern review [M]. Cambridge: Cambridge University Press, 2007.

[103] STERN N. The global deal: climate change and the creation of a new era of progressive prosperity [M]. New York: Public Affairs, 2009.

[104] STIGLITZ J E. Capital-market liberalisation, globalisation, and the IMF [J]. Oxford Review of Economic Policy, 2004,

20: 47-71.

[105] STIGLITZ J E. Making globalisation work [M]. London: Penguin, 2006.

[106] STIGLITZ J E. Freefall: free markets and the sinking of the global economy [M]. London: Allen Lane, 2010.

[107] STIGLITZ J E, GREENWALD B. Towards a new paradigm in monetary economics [M]. Cambridge: Cambridge University Press, 2003.

[108] STREECK W. Re - forming capitalism: institutional change in the German political economy [M]. Oxford: Oxford University Press, 2009.

[109] TALEB N N. Fooled by randomness: the hidden role of chance in life and markets [M]. 2nd ed. New York/London: Penguin, 2005.

[110] TOBIN J. A proposal for international monetary reform [J]. Eastern Economic Journal, 1978, 4: 153-159.

[111] TRIFFIN R. Gold and the dollar crisis: the future of convertibility [M]. Yale and New Haven: Conn, 1961.

[112] United Nations. Recommendations by the commission of experts of the President of the General Assembly on reforms of the international monetary and financial system, 19 [CP/DK]. United Nations, Mürz. http: //www. un. org/ga/president/63/commission/financial_ commission.shtml.

[113] WEICHENRIEDER A J. Profit shifting in the EU: evidence from Germany [R]. Munich: CESifo Working Paper No. 2043, 2007.

[114] WILLIAMSON J. Curbing the Boom-Bust Cycle: stabilizing capital flows to emerging markets [J]. Washington D. C: Institute for International Economics, 2005.

[115] WILKINSON R, PICKETT K. The spirit level [M]. London: Allen Lane, 2009.

[116] WOLF M. Fixing global finance [M]. Baltimore: Johns Hopkins University Press, 2008.

[117] World Nuclear Association. Nuclear power in Sweden, 2010 [CP/DK]. http://www.world-nuclear.org/info/inf42.html.

[118] ZENGLEIN M. Marketization of the Chinese labor market and the role of unions [R]. Berlin: Global Labour University Working Paper No 4, 2008.

[119] ZHOU XIAOCHUAN. Reform of the international monetary system [C/OL] People's Bank of China, 2009. http://www.pbc.gov.cn/english/detail.asp? col=6500&id=178.

后 记

　　一本好书的引进需要很多人的努力。终于，有幸能将这本在西方引发激烈讨论的著作，以中译版的形式，呈现给中国的广大读者。

　　很多人需要感谢：

　　本书的三位原作者，尤其是柏林经济学院的 Herr 教授，对中译版的出版给予了毫无保留的支持。Herr 教授和我长期在教学、科研领域紧密合作，使我们得以就书中很多内容进行深入讨论，并在中译版中予以增补修订，形成一个"全新"的版本。正因如此，我的导师，北京大学的胡健颖教授，虽已高龄，仍坚持亲自为本书作序。

　　我的学生何金财、李昕怡和郭可，全程参与了本书翻译，付出颇多。王硕同学对本书的引进和数据更新进行了协助，还有其他一些同学，均是整个翻译工作中不可或缺的力量。

　　西南财大出版社的廖术涵编辑，没有她的倾力支持和无私付出，本书不可能在那么短的时间内完成出版。

　　以上种种，无以言他，唯有衷心感谢！

　　最后，感谢原书出版商英国 Pluto 出版社对本书中文版权近乎赠予的慷慨转让，以及西南财大出版社和艾伯特基金会（FES）的大力支持，是他们使中译版的最终出版成为可能。

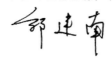

2014 年 4 月 9 日于光华园

本书由弗里德里希·艾伯特基金会资助出版。

The publication of this book is funded by Friedrich – Ebert – Stiftung
(FES) Foundation.